dtv

Ihre Kindheit hat Gudrun Pausewang auf der Rosinkawiese in Ostböhmen verbracht. Untrennbar damit verbunden ist Anna, das ukrainische Mädchen aus einem Dorf in den polnischen Karpaten. Wie viele andere auch wurde sie 1941 als Ostarbeiterin ohne ihr Einverständnis nach Deutschland gebracht. Sie war gerade sechzehn Jahre alt, als sie zu den Pausewangs auf das zwei Hektar große Gartenland kam und dort bis Kriegsende arbeitete. Jahrzehnte später hat Gudrun Pausewang diese Gefährtin ihrer Jugend in der Nähe des früheren Lemberg aufgespürt und sie besucht. Bei ihrem Wiedersehen haben sie sich vieles zu erzählen ...

Gudrun Pausewang, geboren 1928 in Wichstadtl in Böhmen, wurde Lehrerin, unterrichtete zwölf Jahre an deutschen Schulen in Chile, Venezuela und Kolumbien und von 1972 bis 1989 in der Nähe von Fulda.

Gudrun Pausewang

Wiedersehen
mit Anna

Deutscher Taschenbuch Verlag

Von Gudrun Pausewang
sind im Deutschen Taschenbuch Verlag erschienen:
Kinderbesuch (10676)
Rosinkawiese (11489)
Fern von der Rosinkawiese (11636)
Geliebte Rosinkawiese (11718)
Bolivianische Hochzeit (11798)

Ungekürzte Ausgabe
Dezember 2001
© 2001 Deutscher Taschenbuch Verlag GmbH & Co. KG,
München
www.dtv.de
Erstveröffentlichung: Stuttgart 1997
Umschlagkonzept: Balk & Brumshagen
Umschlagfoto: Privatbesitz der Autorin
Satz: Kalle Giese Grafik GmbH, Overath
Gesetzt aus der Stempel Garamond (Berthold) 12/14˙
Druck und Bindung: Druckerei C. H. Beck, Nördlingen
Gedruckt auf säurefreiem, chlorfrei gebleichtem Papier
Printed in Germany · ISBN 3-423-25188-3

Inhalt

Viel Arbeit, wenig Hilfe 7

Anna kommt 15

Eine Idylle 25

Nächtlicher Besuch 35

Kriegsende und Abschied 45

Auf der Suche nach Anna 56

Die Fahrt nach Grab 67

Ein Brief von Anna 79

Anna bekommt Besuch 91

Ein Jahr lang Briefe hin und her 107

Wiedersehen mit Anna 117

Ein halber Tag in Richtiči 127

Und noch ein Tag bei Anna 142

Heimfahrt 157

Viel Arbeit, wenig Hilfe

Im zweiten Kriegsjahr wurde mein jüngster Bruder geboren. Fünf Kinder waren wir schon, er war das sechste.

Unser Vater hatte sich gleich zu Beginn des Krieges zum Militärdienst gemeldet, und unsere Mutter grollte ihm deshalb noch immer. Sie fand seine Einstellung, man habe dem Vaterland mit allem, auch seinem Leben, zu dienen, für übertrieben.

»Mit sechs Kindern hast du dem Vaterland schon genug gedient«, hörte ich sie einmal sagen. »Und du dienst ihm noch mehr, wenn du dein Leben erhältst, um sie mit mir zusammen großzuziehen.«

Obwohl er ein liebevoller und verantwortungsbewußter Vater war, hatte er für solche Argumente taube Ohren. Er nahm »den Ruf des Vaterlands« ernst, er wollte sich nicht drücken, wollte »dabei« sein. Daß er zu Beginn des Krieges schon einundvierzig Jahre alt und – wenn auch körperlich leistungsfähig und ausdauernd – alles andere als ein sportlicher Typ und Draufgänger war, hatte er verdrängt. Und nicht einmal das Argument, er sei doch im Ersten Weltkrieg wegen eines Herzfehlers ausgemustert worden, hatte ihn umstimmen können.

Die Wehrmacht hatte sich Zeit gelassen, ihn »einzuziehen«. Es waren ja genug jüngere Männer da. Erst im Frühsommer 1940 hatte er einrücken müssen. Zu seinem großen Bedauern war er zum Einmarsch in Frankreich zu spät gekommen. Der Gedanke, daß diese deutschen Angriffskriege verbrecherisch waren, schien ihm nie gekommen zu sein. Er glaubte an den »Führer«, dessen Thesen er nicht in Frage stellte.

Und nun war er als Gefreiter in einer Brückenbau-Pioniereinheit in Holland stationiert und hatte zur Geburt seines sechsten Kindes – im Oktober 1940 – Heimaturlaub bekommen.

Die Freude unserer Eltern über den zweiten Sohn war groß. Sie nannten ihn Volker. Aber Mutter grollte noch immer. Dafür hatte sie gute Gründe, denn sie mußte sehen, wie sie mit den sechs Kindern, dem Haushalt und dem zwei Hektar großen Gartengrundstück allein klarkam. Zwar erhielt sie als Soldatenfrau vom Staat einen ausreichenden finanziellen Unterhalt, aber mit dem Problem, wie sie die viele Arbeit allein bewältigen sollte, ließ das Vaterland sie erst einmal allein.

In den Vorkriegsjahren hatte sie einfach ein Mädchen oder eine Frau aus dem Dorf als Haushaltshilfe eingestellt. Jetzt aber, da so viele Frauen die Arbeitsplätze von Männern einnehmen muß-

Die Rosinkawiese im Sommer 1936

ten, ließ sich niemand mehr finden. Mutter mußte sich mit Pflichtjahrmädchen behelfen, vierzehn- oder fünfzehnjährigen Volksschulabgängerinnen, die ein Jahr im Haushalt arbeiten mußten, bevor sie eine Berufsausbildung beginnen durften. Sie waren noch halbe Kinder und mußten erst angelernt werden. Man konnte von ihnen keine körperliche Schwerarbeit verlangen und mußte ihnen genügend Freizeit geben. Das hieß, daß alle Arbeit, die diese Mädchen nicht leisten konnten, von unserer Mutter geleistet werden mußte.

Zum Glück war ihr ein Kriegsgefangener für die Gartenarbeit in Aussicht gestellt worden. Aber einen Kriegsgefangenen konnte sie keine Hausarbeit verrichten lassen. Und schon gar nicht diesen jungen Pariser Studenten, den wir dann zugeteilt bekamen. Er war willig und gutmütig, aber für praktische Arbeit hatte er zwei linke Hände.

Ein Achtpersonenhaushalt mit sechs Kindern – ich, die Älteste, war damals zwölfeinhalb Jahre alt, mein jüngster Bruder gerade erst angekommen – bedeutete viel Arbeit. Damals wurde ja noch alle Wäsche einschließlich der Windeln und alles Geschirr mit der Hand gewaschen, die Holzböden wurden gescheuert, Kinderkleider selbst genäht, Strümpfe gestopft, Pullover gestrickt. Kaputte Wäsche flickte man, und je länger der Krieg dauerte, um so öfter stellte man Neues aus Altem her.

Nur halb beruhigt fuhr unser Vater nach Ablauf seines Urlaubs wieder zu seiner Einheit zurück. Er hatte zwar eine junge Frau aus seinem Bekanntenkreis dazu bewegen können, für die ersten Wochen nach Volkers Geburt auszuhelfen. Aber eine Dauerlösung war das nicht.

Während des Winters 1940/41 behalf sich Mutter mit einer Kette von Notlösungen: Mal half diese Frau, mal jene, und für ein paar Wochen, in der kältesten Zeit, sprang Mutters jüngere Schwester Hilde ein, deren Mann auch Soldat hatte werden müssen.

Im Frühjahr 1941 wurde die Einheit, der unser Vater angehörte, aus Holland nach Polen verlegt. Von dort kam ein Brief von ihm, der in Hochstimmung geschrieben worden war und auch Mutter gelassener in die Zukunft sehen ließ: Es sei ihm gelungen zu veranlassen, daß uns eine Ostarbeiterin zugeteilt werde. Die entsprechende Dienststelle werde uns rechtzeitig vor der Ankunft dieser Frau benachrichtigen.

Eine Ostarbeiterin war eine Frau aus Polen. Das wußten wir. Und wir wußten auch, daß eine Ostarbeiterin ihre Arbeitsstelle nicht einfach verlassen konnte, wenn ihr die Arbeit oder die Arbeitgeberin nicht behagte.

»Wenn sie nur was taugt«, seufzte unsere Mutter.

Sie besorgte sich aus der Gemeindekanzlei die nötigen Unterlagen für die Beschäftigung von Ostarbeitern. Daraus entnahm sie, wie man Ostarbeiter zu behandeln habe. Wenn ich nicht irre, hatte man ihnen für eine zeitlich unbegrenzte Dauer eine Art Taschengeld zu zahlen. Natürlich durfte man ihren bedingungslosen Gehorsam voraussetzen. Familienanschluß war nicht erlaubt. Deshalb war vorgeschrieben – was uns Kinder am meisten beeindruckte –, daß sie an einem gesonderten Tisch essen mußten.

Auch wir Kinder wurden von unserer Mutter an den Küchentisch hinüber verwiesen, wenn wir etwas »ausgefressen« hatten. Am Küchentisch essen, also ausgegrenzt werden, war eine empfindliche Strafe, die wir fürchteten. Die Ostarbeiter aber wurden einer solchen Strafe unterzogen, ohne daß sie sich etwas hatten zuschulden kommen lassen! Das konnten wir Kinder nicht verstehen.

In den Heimabenden der Jungmädchen, zu denen ich natürlich gehörte, war ich auch schon über den Umgang mit Ostarbeitern, Kriegsgefangenen und Angehörigen verbündeter Nationen unterrichtet worden. Ostarbeiter, so hatten wir gelernt, gehörten – als Slawen – einer minderwertigen Rasse an und hatten deshalb dem deutschen Volk mit ihrer Arbeitskraft zu dienen. Der Begriff »Sklaven« war bei dieser Instruktion nicht benutzt worden. Aber die meisten von uns Teenagern hatten doch gefühlt, daß Ostarbeiter wie Sklaven zu arbeiten hatten und wie Sklaven zu behandeln waren. Nach meinem Dafürhalten bestand der Unterschied zwischen den Ostarbeitern und den »echten« Sklaven – ich hatte gerade ›Onkel Toms Hütte‹ gelesen – lediglich darin, daß die Ostarbeiter kein privates, sondern staatliches Eigentum waren und daß deshalb der Staat vorschreiben konnte, wem sie zugeteilt wurden und wie man sie zu behandeln hatte.

Ich erinnere mich deutlich an den Gedanken, der mich nach jenem Heimabend erfüllte: Gott sei Dank, daß ich Deutsche bin!

Unsere Mutter schüttelte den Kopf, als sie die Anweisungen las.

»Sie wird mit bei uns am Tisch sitzen«, sagte sie.

»Es ist aber streng verboten«, gab ich zu bedenken. »Wenn die sie bei uns sitzen sehen, machen sie dir Schwierigkeiten.«

»Wer kommt denn schon?« winkte sie ab. »So abseits, wie wir wohnen. Und wenn einer kommt, sehen wir ihn schon von weitem.«

Die Frau sollte in der Mädchenkammer wohnen, in der auch vorher schon unsere Hausgehilfinnen gewohnt hatten. Es war eine Kammer im Dachgeschoß mit einem Fenster nach Norden. Das Bett stand unter der Dachschräge. Ein Wandschrank füllte den Raum unter der Treppe, die zum Dachboden hinaufführte. Außer ihm gab es in der Kammer noch einen kleinen Tisch mit einem Stuhl, dazu einen Nachttisch neben dem Bett. Auch ein Waschtisch fehlte nicht. Das war ein Möbelstück, wie man es früher in jedem Gästezimmer antraf: ein Gestell mit einer großen Schüssel und einem Krug für Wasser.

Wir waren mit einer Bauernfamilie im Dorf befreundet. Vater Pietsch hatte sich nicht freiwillig »zu den Fahnen« gemeldet. Und er war, als Vater von acht unmündigen Kindern und Bauer, bisher nicht eingezogen worden. Seine älteste Tochter war so alt wie ich. Auch sie half schon von morgens bis abends mit, genauso wie ihre Geschwister, soweit sie nicht noch Kleinkinder waren. Mutter Pietsch konnte man Tag für Tag auf den Feldern sich abmühen sehen. Früher hatten sie sich keine Magd leisten können. Nun, wo ihnen die Bezahlung einer Hilfskraft möglich gewesen wäre, gab es keine Mägde mehr.

Unser Vater hatte in Polen auch für sie eine Ostarbeiterin beantragt. Und nun warteten unsere Mutter und die Pietsch-Mutter sehnsüchtig auf die Ankunft der Polinnen.

Anna kommt

Kurz vor Beginn des Rußlandfeldzuges kam die amtliche Benachrichtigung. Damals lebte ich nicht zu Hause. Ich besuchte das Gymnasium in Freiwaldau im Altvatergebirge. Da dieses Städtchen etwa fünfzig Kilometer von meinem Heimatdorf entfernt lag, konnte ich nur während der Ferien nach Hause kommen. In Freiwaldau, wo ich bei Freunden meiner Eltern wohnte, litt ich an Heimweh. Ich war ja erst dreizehn Jahre alt.

Mutter schrieb mir jede Woche einen ausführlichen Brief. Ich erfuhr, daß die beiden Ostarbeiterinnen angekommen waren. Mutter hatte sie auf der Bahnstation Lichtenau abgeholt. Es waren keine Polinnen, sondern Ukrainerinnen. Und es waren keine Frauen, sondern Mädchen. Beide hießen Anna. Anna Czopiak war erst sechzehneinhalb Jahre alt, und Anna Baisa, die nun bei den Pietschs arbeitete, war nur zwei Jahre älter. Die Ältere, so erfuhr ich, hatte während des ganzen Weges von Lichtenau bis zu uns nach Hause geweint.

Nachdem Mutter den beiden Mädchen in unserem Haus erst einmal eine Mahlzeit vorgesetzt hatte, war sie mit Anna Baisa dann zu Pietschs gegangen. Während dieser ganzen Zeit hatte das Mädchen nicht aufgehört zu weinen. Und noch immer, so berichtete die Pietsch-Mutter, weine es oft.

»Unsere« Anna, so schrieb mir Mutter, habe anfangs zwar auch einen verstörten Eindruck gemacht, aber inzwischen scheine sie sich eingelebt zu haben. Jedenfalls lache sie viel. Sie sei überaus kinderlieb und könne bei der Arbeit gut zupacken. Sie stelle sich geschickt an und sei sicher nicht dumm, denn sie begreife schnell, was von ihr erwartet werde, trotz der Sprachschwierigkeiten. Sie könne übrigens schon ein bißchen Deutsch. Das habe sie angeblich von den deutschen Soldaten gelernt, die sich zeitweilig in ihrem Dorf aufhielten.

»Stell dir vor«, schrieb Mutter, »beide sind ohne Gepäck gekommen. Einfach so: ohne Tasche, ohne Koffer. Nur ein Taschentuch hat die Ältere bei sich gehabt.«

Eine Ukrainerin also, keine Polin. Ich wußte nur vage, wo die Ukraine lag – eine Gegend, in der es viele riesige Sonnenblumenfelder gab, und wo die Leute, die dort wohnten, zu jeder Tageszeit und während jeder Beschäftigung Sonnenblumenkerne kauten. Deren Schalen spuckten sie dann in irgendeine Richtung. Außerdem trugen dort – das hatte ich in irgendeinem Bildband gesehen – alle

Frauen, auch die ganz jungen, Kopftücher, die im Nacken geknotet wurden.

(Ein paar Wochen später, nach dem Beginn des Rußlandfeldzugs, sollte ich sehr viel mehr über die Ukraine erfahren! Aber noch ahnten wir nichts von dieser verhängnisvollen Entwicklung.)

Ich wußte also fast nichts über die Ukraine, als ich daheim ankam und Anna zum ersten Mal sah. Sie war ja schließlich in Polen, nicht in der Ukraine zu Hause.

Sie war nicht größer als ich. (Im Lauf der vier Jahre, die sie bei uns lebte, sollte ich noch eine gute Handspanne über sie hinauswachsen.) Aber sie war kräftiger gebaut. »Sie strotzt vor Gesundheit!« hörte ich Mutter einmal zu jemandem sagen. Ihr rundes Gesicht lachte mich an, als ich ihr die Hand gab. Ich versuchte Merkmale ihrer »anderen, minderwertigen Rasse« an ihr zu entdecken – vergeblich. Solche kräftigen, rundgesichtigen Mädchen gab es auch in unserem Dorf. Und auch so dunkelhaarige wie sie.

Sie hatte volles Haar, aber es war knapp unter ihren Ohrläppchen abgeschnitten, ringsherum in gleicher Höhe. Das sah nicht sehr elegant aus. Ich vermutete, daß das die Haarmode junger Dorfmädchen in ihrer Heimat war.

Sie trug ein Kleid, das sich Mutter vor Jahren für ihre Schwangerschaftszeiten genäht hatte. Das brauche sie nicht mehr, sagte sie, als ich sie danach fragte.

»Wollt ihr denn keine Kinder mehr haben?« fragte ich erstaunt.

»Eins noch«, meinte Mutter. »Aber erst nach dem Krieg. Dann gibt's ja wieder Kleider zu kaufen.«

Anna trug auch Schuhe, Strümpfe und Unterwäsche von Mutter. Und Mutters alter Mantel war ebenfalls in Annas Besitz übergegangen. Sie hatte ja nur die Kleidung mitgebracht, die sie am Leib getragen hatte. Nichts zum Wechseln.

Anna hatte mir zur Begrüßung offen und herzlich zugelacht. Das beruhigte mich. Sie sah also in uns keine Feinde, sondern Menschen. Und sie schien das Beste aus diesem Aufenthalt in Deutschland zu machen. Jedenfalls sah ich sie niemals weinen.

Daß sie manchmal in ihrer Kammer weinte, erfuhr ich erst später.

Wie mir Mutter erzählte, hatte Anna gleich an einem der ersten Tage heimgeschrieben. Und nun war ein Brief ihres Vaters an Mutter angekommen, in deutscher Sprache. Wahrscheinlich hatte er ihn sich von jemandem schreiben lassen, der die deutsche Sprache einigermaßen beherrschte. Jedenfalls bat er Mutter, seine Tochter gut zu behandeln, sie sei ja noch ein halbes Kind, und »ihre Hand über sie zu halten«.

Mutter schrieb ihm ausführlich zurück und versicherte ihm, daß es Anna gutgehe, daß sie fleißig sei und anstellig und daß sie vor allem den Jüngsten der Familie, der noch ein Säugling sei, ins Herz geschlossen habe. Der Vater möge ganz beruhigt sein. Sie werde für Annas Wohl sorgen.

Den Erhalt dieses Briefes bestätigte der Vater in einem seiner nächsten Briefe an Anna und bat sie, Mutter seinen Dank auszurichten. Auch Annas Mutter lasse danken.

Ich stellte mir vor, wie es wäre, wenn ich so weit von daheim leben müßte, um dort für fremde Leute zu arbeiten, deren Sprache ich kaum verstünde und deren Lebensweise mir fremd wäre. Ich wußte ja bereits, was Heimweh war, und ich konnte mir vorstellen, was für Sorgen meine Eltern um mich ausstünden.

Was hatte Anna nur veranlaßt, von daheim fortzugehen? Offensichtlich hatten ihre Eltern sie nicht nach Deutschland geschickt. War sie aus eigenem Antrieb gegangen? Und warum hatte sie kein Gepäck bei sich gehabt? Diese Frage trieb mich um.

Anna lernte schnell Deutsch, sie mußte sich ja Tag für Tag mit uns verständigen. Nur sonntags, wenn sie sich – bei uns oder bei Pietschs – mit Anna Baisa traf, hatte sie Gelegenheit, ukrainisch zu sprechen.

Wenn wir zusammen im Garten Obst ernteten oder Beete jäteten, fragte ich sie aus. Das war oft mühsam. Wir verständigten uns mit Gesten, wenn uns Worte fehlten. Manchmal rief Mutter vom Haus herüber, ich solle Anna nicht von der Arbeit ablenken. Aber ich war neugierig. Ich ruhte nicht, bis ich alles erfahren hatte, was mich interessierte. Einiges ergänzte auch Mutter, die während der ersten Tage ebenfalls allerlei aus Anna herausgefragt hatte. Anderes konnte Mutter Pietsch beisteuern, denn Vater Pietsch beherrschte die tschechische Sprache, die mit der ukrainischen verwandt ist.

Was ich erfuhr, war dies: Anna stammte aus einem Dorf, dessen Namen ich mir sofort merkte und alle die Jahre behielt. Es hieß Grab. (Ich erinnere mich, daß wir Kinder manchen Besuchern lachend erzählten: »Anna kommt aus dem Grab!«) Sie sprach dieses Wort allerdings etwas anders aus. Es klang wie »Hrab«. Einmal zeigte sie mir damals auf einer Landkarte, wo der Ort lag. Aber das vergaß ich.

Ihre Eltern besaßen eine kleine Landwirtschaft. Sie war die Älteste von drei Kindern. Ihr Bruder war zwölf, ihre Schwester sechs Jahre alt. Sie hatte die Dorfschule besucht und danach auf dem Hof ihrer Eltern mitgearbeitet. Die deutschen Besatzer seien freundlich gewesen, sagte sie. Später zeigte sie uns ein Foto, auf dem sie, noch jünger, in einer ihr viel zu großen deutschen Soldatenuniformjacke zu sehen war, lachend, mit einem Soldatenkäppi schief auf dem Kopf. Und sie trug einen langen, dicken Zopf. Das Foto war winzig und überbelichtet. Ihre Mutter hatte es ihr zugeschickt. Vielleicht hatte sich Anna zusammen mit anderen Dorfkindern den Deutschen genähert, die ein bißchen Spaß mit ihnen trieben?

Mutter, die sehr strenge moralische Maßstäbe anzulegen pflegte, erwog noch andere Möglichkeiten der Entstehung dieses Fotos. Anna sei sicher schon früh »gut entwickelt« gewesen. Vielleicht waren da ganz »eindeutige« Interessen der Soldaten mit im Spiel gewesen und Anna war, wie ihr Lachen auf dem Foto andeutete, gern darauf eingegangen?

Aber das konnte ich mir, prüde erzogen, nicht vorstellen.

Anna gehörte der ukrainischen Minderheit in Polen an. Dort, so erfuhr ich, wohnten viele Ukrainer. Daheim sprachen sie ukrainisch, aber in der Schule lernten sie polnisch sprechen und schreiben. Ihr Dorf, erzählte Anna, bestehe hauptsächlich aus Ukrainern. Nur zwei polnische Familien gebe es da. Und eine ganze Anzahl von Juden. Man lebe in gutem Einvernehmen.

Nein, sie war nicht freiwillig von daheim fortgegangen. Sie hatte mit Anna Baisa auf den Feldern gearbeitet. Da sei plötzlich polnische Polizei mit einem Lastwagen gekommen, habe die beiden Mädchen, die nicht wußten, wie ihnen geschah, auf den Lastwagen gescheucht und sei mit ihnen ins Dorf gefahren. Dort hätten die Polizisten, die offensichtlich aus einer der nächsten größeren Städte gekommen waren, den Ortspolizisten beauftragt, die Eltern der beiden Mädchen zu verständigen: Ihre Töchter würden zum Arbeitseinsatz nach Deutschland geschafft. Und schon sei der Lastwagen wieder abgefahren. Ihnen, den Mädchen, sei keine Zeit gelassen worden, sich mit dem nötigsten Gepäck zu versorgen. Sie hätten nicht einmal Gelegenheit bekommen, sich von ihren Eltern zu verabschieden.

Der Lastwagen fuhr an vielen Feldern vorbei und durch viele Dörfer. Nach ein paar Stunden war er voll. Die polnische Polizei handelte offenbar im Auftrag der deutschen Besatzungsbehörden. Und da sie wohl vermeiden wollte, polnische Frauen einzufangen, hielt sie sich an die Frauen der ukrainischen Minderheit.

Zusammen mit anderen Mädchen und Frauen kam Anna in ein Sammellager, wo sie Bekannten aus Nachbardörfern begegnete. Aber zu mehr als einer flüchtigen Begrüßung blieb keine Zeit. Denn schon wurden sie nacheinander in einen Raum hineingeschubst, in dem ihnen eine Frau ritsch-ratsch die Zöpfe abschnitt. Fast alle Mädchen trugen Zöpfe, die über den Rücken herabhingen. Die Frauen trugen ihre Zöpfe in einem Nackenknoten. Wer den Raum verließ, hatte nur noch Haar in Ohrläppchenlänge.

Anna erzählte mir später, dort habe sie geweint. Aber sie seien gar nicht zur Besinnung gekommen, denn kaum waren die Zöpfe ab, wurden sie entlaust und mußten unter die Dusche. Anna konnte sich nicht einmal mehr daran erinnern, in welcher Reihenfolge das vor sich gegangen war. Und obwohl sie nach all der Aufregung und der langen Fahrt eigentlich hungrig gewesen sei, habe sie die Lagerverpflegung nicht bei sich behalten können. Aus diesem Lager waren die Mädchen und Frauen nach Deutschland geschafft worden. Die Organisation hatte wie am Schnürchen geklappt, Mutter war rechtzeitig verständigt worden, das Zugpersonal hatte ihr in Lichtenau die beiden Mädchen übergeben.

Ich fragte Mutter, ob sie in Ordnung finde, was diesen Mädchen angetan worden sei. Nein, sie war auch empört über eine so unmenschliche Behandlung, über eine solche Mißachtung menschlichen Willens und menschlicher Würde. Aber vor dem Schritt, deswegen das ganze nationalsozialistische Regime in Frage zu stellen, schreckte sie zurück. Es sei eben Krieg, da laufe vieles ruppiger ab als in Friedenszeiten, und schließlich habe es Anna bei uns ja gut. Sie werde genauso behandelt wie ein deutsches Mädchen. Man müsse im persönlichen Umgang mit ihr eben versuchen, viele ihrer Eindrücke, die sie von den an der Zwangsverschikkung beteiligten Behörden bekommen habe, wieder zu korrigieren.

»Glaubst du denn«, fragte ich, »daß alle Ukrainerinnen, die nach Deutschland gebracht wurden, hier gut behandelt werden?«

Nein, das glaubte sie auch nicht. Aber wieder hatte sie ein Argument bereit, das mich überzeugte: »Nicht einmal Deutsche werden dort, wo sie arbeiten, immer gut behandelt. Es gibt eben auch Luder unter den Menschen. Unter allen. Egal, ob Deutsche, Polen oder Ukrainer.« Und sie sprach von wahren Sadisten unter den Ausbildern in den deutschen Kasernen.

Ich ließ mich von ihren Argumenten überzeugen. Vielleicht war dort in Polen auch so ein Sadist am Werk gewesen, und Anna war eines seiner Opfer geworden. In Tagträumen stellte ich mir vor, diesen Kerl für seine Unmenschlichkeiten zu strafen, indem ich ihn auch von seinem Schreibtisch wegfangen und auf einem Lastwagen zu einem Sammellager transportieren ließ, wo ihm sein Haar ratzekahl abrasiert wurde.

Mit Genugtuung erlebte ich, daß Anna – als sei das die größte Selbstverständlichkeit – mit bei uns am Tisch saß, auch wenn wir Besuch hatten, der mitaß. Von den für ausländische Arbeitskräfte zuständigen Behörden ließ sich nie jemand bei uns sehen.

Eine Idylle

Annas Liebling war Volker, der kaum älter als ein halbes Jahr war, als sie zu uns kam. Sie wechselte ihm die Windeln, fütterte ihn, brachte ihn zum Lachen, wenn er weinte, trug ihn herum und hätschelte ihn. Näherte sie sich ihm, krähte er ihr entgegen.

Aber auch meine anderen Geschwister mochten sie. Was man auch tat, sie nahm nichts übel. Erwischte sie uns bei etwas, was uns von Mutter verboten worden war, verriet sie uns nicht. Wenn Mutter sie rügte, was selten vorkam, nickte sie und signalisierte guten Willen, also die Absicht, es beim nächsten Mal besser zu machen. Wenn ich sie aus meinem jetzigen Blickwinkel betrachte, fällt mir auf, daß sie allen Konfrontationen auswich. Sie wehrte sich nie, wenn sie gerügt wurde, zeigte nie eine Aufwallung von Stolz, begehrte nie auf, wenn ihr Unrecht geschah, lavierte sich geschmeidig durch für sie gefährliche Lagen. Gehörte ihr Opportunismus zu ihrem Wesen oder hielt sie dieses manchmal fast kriecherische Verhalten für eine erfolgversprechende Überlebensstrategie? Sie lernte eine Menge. Bald bügelte und flickte, nähte und stopfte sie so, daß es Mutter nicht hätte besser machen können. Wenn Mutter in die Kreisstadt Grulich fuhr, um Behördengänge zu erledigen oder einzukaufen, kochte Anna das Mittag- oder Abendessen, und wir fanden keinen Anlaß, an ihren Gerichten zu mäkeln. Sie wusch zusammen mit Mutter die Wäsche, sie scheuerte die Dielenböden und putzte die Fenster, sie lernte auch alle die Gartenarbeiten, die bei uns anfielen.

Vor allem aber lernte sie Deutsch. Bald konnte sie unsere Sprache recht geläufig sprechen. An einige Eigenheiten ihres Umgangs mit ihr erinnere ich mich noch: Trotz unseres Kindergelächters konnte sie sich das Wort »Bürgermeister« nicht merken. Sie blieb bei »Gebemeister«. Auch das deutsche Wort »nein« umging sie. Ihre Verneinung war ein hingehämmertes »Ni-ni-ni-ni-ni!«.

Nicht einmal der harte böhmische Winter konnte ihre gute Laune trüben. Wenn Schneestürme bei zwanzig oder dreißig Minusgraden ums Haus tobten und Schneewehen bis zum ersten Stock auftürmten; wenn wir nur auf Skiern das Dorf erreichen konnten; wenn wir nichts anderes als Schnee sahen, wohin wir aus unseren Fenstern auch spähten; wenn wochenlang niemand zu uns auf Besuch kam und wir einander auf die Nerven zu gehen begannen, blieb Anna heiter und gelassen. Sie war immer für alle da, war ein Hort der Sicherheit, strömte Wärme aus.

Anna, Kinder und Besucher der Rosinkawiese

Werktags stand sie morgens um sechs auf, gleichzeitig mit Mutter. Ihre Routinearbeit wie das Melken der Ziegen erledigte sie bis zum gemeinsamen Frühstück. Danach variierte die Art ihrer Arbeit. War das Wetter schön, gab es genug im

Garten zu tun. Bei Regenwetter oder im Winter arbeitete sie im Haus. In der Beerenzeit ging sie mit uns in die Wälder, um Beeren zu pflücken. Im Herbst suchte sie mit uns Pilze. Auf Mutters Anweisungen hin ging sie ins Dorf einkaufen, pflockte die Ziegen auf der Wiese um, legte die Wäsche auf die Bleiche. Und zwischendurch wechselte sie immer wieder Volkers Windeln.

Etwa um halb sieben aßen wir zu Abend. Sobald Anna das schmutzige Geschirr abgewaschen und die Küche in Ordnung gebracht hatte, durfte sie sich in ihre Kammer zurückziehen. Es wurde meistens acht Uhr, bis sie soweit war. Früher kam auch Mutter nicht zur Ruhe.

Was wird sie in ihrer Kammer gemacht haben? Oft hat sie über Briefen an daheim gesessen, das weiß ich. Und sie mußte ihre Kleider instand halten, mußte sie stopfen und flicken. Einige Wochen, nachdem sie angekommen war, kaufte sie mit dem Taschengeld, das ihr Mutter auszahlte, eine kleine Puppe. Für sie nähte sie allerlei Kleider, die sie dann zusammen mit der Puppe an ihre kleine Schwester schickte. Die Ankunft der Sendung wurde im nächsten Brief bestätigt. Die Kleine hatte sich offenbar sehr über die Puppe gefreut.

Auch sonntags vormittags mußte Anna im Haushalt mithelfen. Das mußten auch deutsche Hausgehilfinnen in anderen Haushalten. Erst nach dem Mittagessen gab es frei.

Dann machte sich Anna schön. Inzwischen besaß sie ja mehrere Kleider, die ihr Mutter und Tante Hilde geschenkt hatten. Manchmal war auch in Paketen mit abgelegter Kleidung, die wir von Verwandten oder Freunden geschickt bekamen, dies oder das enthalten, was uns nicht paßte, wohl aber ihr.

Inzwischen war ihr Haar nachgewachsen. Im Lauf eines Jahres war es so lang geworden, daß sie wieder einen kurzen Zopf flechten konnte. Aber die Länge ihres Kinderzopfes erreichte er nie wieder. Nun ließ sie ihn auch nicht mehr hängen, sondern drehte ihn im Nacken zu einem Dutt und befestigte ihn mit Haarnadeln.

Sonntags nachmittags frisierte sie sich besonders sorgfältig und band sich meistens ein blütenweißes Kopftuch um. Dessen Zipfel verknotete sie im Nacken, unter dem Dutt. Und dann zog sie davon – meistens zu Anna Baisa. Dort wurden gegenseitig Briefe vorgelesen, wurden die neuesten Erfahrungen und Neuigkeiten ausgetauscht, wurde wahrscheinlich die politische Lage und die Aussicht auf Heimkehr besprochen. Die beiden stammten ja aus demselben Dorf. Sie wußten genau: Sie würden gemeinsam heimkehren.

Im Lauf des Sonntagnachmittags trafen sich die beiden Annas mit Gruppen anderer Ukrainerinnen und Ukrainer. Es gab mehrere im Dorf und auch in den Nachbardörfern, junge Frauen und junge Männer. Die deutsche Bevölkerung ließ sie gewähren. Was lag näher, als daß sich Leute, die aus demselben Land stammten und dieselbe Sprache hatten, ab und zu trafen? Es ist mir nicht bekannt, ob solche Treffen offiziell verboten waren. Wohl aber waren sexuelle Beziehungen zwischen Ostarbeitern untersagt. Erst Jahre nach dem Krieg erfuhr ich, daß es in Deutschland verschiedene Lager gegeben hatte, in denen kranke, also arbeitsunfähige Ostarbeiter »behandelt« und an schwangeren Ostarbeiterinnen zwangsweise Abtreibungen vorgenommen worden waren. Eine nicht geringe Anzahl von »Patienten« muß dabei umgekommen sein. Eines dieser Lager existierte nicht weit von meinem jetzigen Wohnort. Ich las einmal einen Bericht, in dem beschrieben wurde, was sich in ihm abgespielt hatte. Noch jetzt zeugt ein großer Waldfriedhof von jenen Unmenschlichkeiten.

Auch Anna Baisa wurde gut behandelt. Aber ihre Traurigkeit legte sie selten ab. Wahrscheinlich neigte sie zu Depressionen. Ich beobachtete manchmal, wie »unsere« Anna sie zu trösten und aufzurichten versuchte.

Anna hatte genau am Weihnachtstag der russisch-orthodoxen Kirche Geburtstag: am 7. Januar. An diesem Tag gratulierten wir ihr zum Geburtstag, und Mutter legte in ihrer Kammer ein paar Geschenke auf den festlich gedeckten Tisch. So pflegten wir auch unsere Geburtstage zu begehen. Ob Mutter ihr auch einen »Gugelhupf« backte, weiß ich nicht mehr.

Jedenfalls bekam Anna an ihrem Geburtstag nachmittags frei. Aber mit dieser Freizeit konnte sie nicht viel anfangen, denn es war ja meistens ein ganz gewöhnlicher Arbeitstag, an dem die anderen Ukrainer arbeiten mußten. Vielleicht hat sie ihn zum Briefschreiben genutzt. Vielleicht lag sie aber auch nur in ihrem Bett und dachte an ihre Lieben daheim, die jetzt Weihnachten feierten.

An unserer Weihnachtsbescherung nahm Anna selbstverständlich teil. Bescheiden blieb sie im Hintergrund stehen und hörte andächtig zu, wenn wir unsere Weihnachtslieder sangen. Sie freute sich über die Freude von uns Kindern an unseren Geschenken.

Auch sie bekam einen Teller voll Plätzchen, genauso wie jedes der Kinder, und auch ihr waren ein paar Geschenke zugedacht: ein Stück Edelseife, ein neues Kopftuch, Wolle zum Stricken, ein Kleidungsstück oder ein Stück Stoff, ein Block Briefpapier, ein Paar Arbeitsschuhe auf Bezugsschein. Artig bedankte sie sich bei Mutter für ihre Geschenke.

Vielleicht log Anna manchmal. Wer lügt denn nicht? Aber naschen – das tat sie nie. Anfangs stellte Mutter sie manchmal auf die Probe. Sie rührte nichts an.

Um so rätselhafter war dies: Zum Weihnachtsfest des Jahres 1942 – unser Vater war auf Urlaub daheim – hatten sich unsere Eltern entschlossen, den Baum nicht, wie sonst immer, nur mit Silberlametta und Kerzen zu schmücken, sondern mit Naschwerk. An den Zweigen hingen also Pralinen und Plätzchen, kleine rote Äpfel, Pfefferkuchen und dergleichen. Am Heiligen Abend gab Mutter diesen Christbaumschmuck noch nicht zum Vernaschen frei. Der Baum sollte ja über die Feiertage nicht kahl dastehen. Sie kündigte an, daß die Abesserei des Baumes erst ab dem ersten Werktag nach den Feiertagen erlaubt sei. Wir nahmen diese Weisung, ohne zu murren, zur Kenntnis. So waren wir erzogen worden: Solche Gebote hielten wir strikt ein.

Aber schon am ersten Feiertag fielen Lücken am Baum auf. Pralinen, Plätzchen, sogar zwei Pfefferkuchen fehlten. Wir alle beteuerten unsere Unschuld. Der Jüngste war noch zu klein, um überhaupt in die Zweige hinaufzureichen. Die Eltern schieden prinzipiell aus dem Kreis der Verdächtigen aus. Eltern naschen ja nicht.

Also fiel der Verdacht auf Anna.

»Die Versuchung ist eben zu groß für sie«, meinte Mutter. »Wir wollen die Angelegenheit aber nicht an die große Glocke hängen.«

Von nun an ließen wir Anna nicht mehr mit dem Weihnachtsbaum allein. Aber als wir uns an den restlichen Süßigkeiten schadlos halten durften, gaben wir ihr nichts davon ab. Sie hatte sich ja schon ihren Teil genommen.

So glaubten wir.

Anna hatte eine glückliche Hand im Umgang mit kleinen Kindern und kranken Tieren. Einmal – ich erzählte es schon in meinem Buch ›Rosinkawiese‹ – wurde eines unserer Schafe krank. Es fraß nicht mehr und kam schließlich nicht einmal mehr auf die Beine. Anna beobachtete es und sagte immer wieder: »Hafer muß es kriegen.« Mutter wollte das nicht glauben. Sie lief im Dorf herum und erkundigte sich überall, was in diesem Fall zu tun sei. Aber im Adlergebirge kannte man sich mit Schafen nicht aus. Kühe und Ziegen gab es in Mengen, mit deren Krankheiten wußte man umzugehen. Aber Schafe hielt hier so gut wie niemand.

Am nächsten Tag lag das Schaf im Stroh und rührte sich kaum mehr. Da rannte Anna zu Pietschs und holte eine Tüte voll Hafer. Auf der flachen Hand hielt sie dem Tier ein paar Haferkörner unter das Maul. Die fraß es! Anna blieb neben dem Schaf hocken und nötigte es immer wieder, ein paar Körner zu fressen – bis sie es »über den Berg« hatte.

Wir waren tief beeindruckt. Sogar Mutter staunte. Sie erklärte sich diesen Vorgang so: »Anna ist eben noch näher an der Natur.«

Während des ersten Jahres ihres Aufenthalts bei uns glich unser Leben noch einer Idylle. Wohl herrschte Krieg. Aber er war weit weg. Noch hatten wir genug zu essen, noch schien der Krieg einen für uns Deutsche günstigen Verlauf zu nehmen, noch war bei den meisten Zeitgenossen in unserem Land der Glaube an »den Führer« ungebrochen, noch hatte der Krieg keine Opfer aus unserer Familie und unserem engsten Familienkreis gefordert. Und Bomben fielen nur anderswo.

Eine Idylle, wirklich: die Rosinkawiese mit Kindern und Tieren, eine abgesicherte Existenz, eingebettet in die herrliche Landschaft des ostböhmischen Adlergebirges.

Aber schon verfinsterte sich der Horizont bedrohlich. Das Unheil näherte sich.

Nächtlicher Besuch

Im Februar des Jahres 1942 wurde unser Vater schwer verwundet und verbrachte ein paar Wochen in einem Lazarett in Brünn. Anschließend hielt er sich in Metz auf, wo er ein paar Wochen lang in einer Genesungskompanie Dienst tat.

In Metz wohnte während des Krieges unsere Großmutter, die Mutter unserer Mutter, zusammen mit ihrem zweiten Mann, der dort als Architekt in deutschem Auftrag tätig war.

Nichts lag für unsere Mutter näher, als den Vater in Metz zu besuchen. Meine beiden nächstjüngeren Schwestern hielten sich zu dieser Zeit, nach langwierigen und hartnäckigen Erkältungskrankheiten, für sechs Wochen in einem Kindererholungsheim auf. Die jüngste Schwester, damals zweieinhalb Jahre alt, durfte mit nach Metz. Es blieben also nur drei von uns Kindern daheim: meine beiden Brüder, eineinhalb und fünf Jahre alt, und ich.

Mutter bat ihre Schwester Hilde, für diese Zeit – und ein paar Wochen danach – zu kommen. Hilde sagte zu. Sie wollte sogar schon ein paar Tage vorher eintreffen. Mutter kaufte also die Fahrkarten für sich und ihre Jüngste und informierte ihre Mutter in Metz über ihre Ankunftszeit.

Aber da kam ein Eilbrief von Hilde: Peter, ihr Mann, habe unerwartet ein paar Tage Urlaub bekommen. Sie könne also erst danach abreisen. Sie stellte ihre Ankunft bei uns für den nächsten Tag nach Mutters Abreisetermin in Aussicht.

Mutter wagte es, trotzdem abzufahren und für die Zeit, in der sie schon weg und Hilde noch nicht da sein würde, ihre beiden Söhne Anna anzuvertrauen. Volker, den Jüngsten, liebte Anna ja über alles, und er war an sie gewöhnt. Siegfried, der ältere, war schon »aus dem Gröbsten raus«. Ihn tagsüber zu beaufsichtigen, war sowieso meine Aufgabe. Mutters Reise fiel in die Osterferien. Ich war also zu Hause und hatte Zeit.

Mutter sprach mit Anna alles genau durch. Anna sollte während der gesamten Woche, in der Mutter nicht da war, in deren Bett neben Volkers Gitterbett schlafen. Dann würde er, wenn er nachts wach werden sollte, einem vertrauten Gesicht begegnen.

Anna versprach alle Aufträge gewissenhaft zu erfüllen. Mutter fuhr also mit ihrer Jüngsten ab, Anna kochte und sorgte für Volker, ich beaufsichtigte den Fünfjährigen, und alles lief nach Plan.

Ich war vierzehn Jahre alt und schlief damals in der »Westkammer«, die Annas Kammer gegenüberlag. Zwischen beiden Kammern lief ein schmaler Gang von der Treppe zum Elternschlafzimmer und dem danebenliegenden Kinderzimmer hin.

Ich schlief in der ersten Nacht nach Mutters Abreise nicht sehr fest. Es war eben doch recht ungewohnt, die Mutter nicht im Haus zu wissen. Ihre Anwesenheit bedeutete für uns Sicherheit und Geborgenheit. Aber ich war ja nicht allein im Haus. Anna war da. Anna, die in allen Lebenslagen einen Ausweg wußte.

Aus einem unruhigen Schlaf fuhr ich plötzlich hoch. Auf der anderen Seite der Wand, an der mein Bett stand, führte die Holztreppe aus dem Erdgeschoß herauf. Ich hörte sie knarren, hörte sehr leise, langsame Schritte.

Das konnte nur Tante Hilde sein. Vielleicht hatte Onkel Peter doch schon früher zu seiner Truppe zurückkehren müssen. Sie war sicher gleich nach seiner Abreise aufgebrochen, denn sie wußte ja, daß Anna mit uns allein war, bis sie kam. Und sie wußte auch das Versteck für den Hausschlüssel.

Im Nachthemd sprang ich aus dem Bett und sauste aus der Kammer. Aber der frohe Ruf »Hallo Tante Hilde!« blieb mir in der Kehle stecken. Denn ich sah mich einer Gestalt gegenüber, die ganz sicher nicht Tante Hilde war. Die helle Mondnacht zeichnete die Umrisse eines Erwachsenen. Sein Alter, seine Kleidung, seine Gesichtszüge konnte ich nicht erkennen. Aber zweifellos war es ein Mann.

Ich wagte nicht zu schreien, wagte nicht, mich zu rühren. Auch der Mann blieb stumm stehen – vor der Tür, die zu Annas Kammer führte. Wir starrten einander an.

Irgend etwas mußte geschehen. Und es geschah etwas: Der Mann öffnete leise die Tür hinter sich und verschwand in Annas Kammer.

Nun war der Weg frei zum Elternschlafzimmer. Ich stürzte hinüber zu Anna. Die fuhr aus dem Bett. Hatte sie etwas gehört? Wenn ja, ließ sie sich das in diesem Augenblick nicht anmerken. »Ein Mann! Ein Mann ist die Treppe raufgekommen!« flüsterte ich. »Er ist in deiner Kammer!«

Anna packte den vollen Wasserkrug vom Waschtisch und schlich über den Gang in die Kammer. Ich folgte ihr schlotternd. Ich bewunderte ihren Mut. Aber was uns in der Kammer erwartete, war enttäuschend und ließ mich gleichzeitig aufatmen: Sie war leer. Nur das Fenster stand weit offen. Unter dem Fenster lag das schräg abfallende Dach des »Vorhauses«, also des Eingangsbereiches, das etwa eineinhalb Meter über dem Erdboden endete. Wir beugten uns aus dem Fenster. Über dieses Dach mußte er geflüchtet sein. Irgendwo im Gebüsch hörten wir es noch rascheln. Dann herrschte Ruhe. Zu sehen war natürlich nichts.

Wir tauschten noch eine Weile Vermutungen aus

und schauten nach, ob »der Kerl« durch die Haustür hereingekommen war. Aber die war verschlossen. Wir stellten fest, daß er durch ein offenes Kellerfenster eingestiegen war. Dann kehrten wir wieder in unsere Betten zurück. Aber viel geschlafen habe ich nicht mehr in dieser Nacht, und Anna wird es ähnlich ergangen sein.

Am nächsten Morgen hatte ich nichts Eiligeres zu tun, als ins Dorf zu laufen und meiner Tante, der Schwester meines Vaters, zu erzählen, was geschehen war. Sie hatte ihrerseits auch nichts Eiligeres zu tun, als den ganzen Vorgang dem Dorfpolizisten zu melden.

Ich war damals noch sehr naiv. Daß der Mann höchstwahrscheinlich ein Ukrainer gewesen war, der an Anna Interesse gefunden hatte, kam mir nicht in den Sinn. Darauf brachte mich erst Tante Hilde, die, wie geplant, am nächsten Tag eintraf. Sie fand, daß die Zusammenhänge klar zu erkennen seien: Anna hatte den jungen Mann wissen lassen, daß in dieser Nacht außer ihr selbst nur Kinder im Haus waren, sich also eine gute Gelegenheit zu einem intimen Treffen anbot.

Aber hatte er gewußt, daß Anna in dieser Nacht nicht in ihrer Kammer schlief, sondern im Elternschlafzimmer? Hatte er über den Gang zu diesem Zimmer schleichen wollen, oder war Annas Kammer sein Ziel gewesen? Auf jeden Fall muß ihm klar gewesen sein, daß ihm über Annas Kammer ein Fluchtweg offenstand. Und ihm muß auch bewußt gewesen sein, daß er, ein Ostarbeiter, mit diesem Unternehmen, sollte er dabei erwischt werden, nicht nur sich selbst, sondern auch Anna in eine gefährliche Lage bringen mußte.

Als Mutter, wieder zurückgekehrt, von der Geschichte hörte, regte sie sich sehr auf. Was, wenn der Mann in Panik geraten wäre und versucht hätte, mich, die Zeugin, auszuschalten?

Mutter und Tante Hilde nahmen Anna in eine Art Kreuzverhör. Aber Anna blieb dabei: Sie habe niemandem ein Rendezvous angeboten und wisse nicht, wer dieser Mann gewesen sei. Daß er über ihre Kammer flüchtete, erklärte sie anders: Er habe auf der Suche nach einem Fluchtweg die nächstbeste Tür geöffnet, habe durch das Kammerfenster das schräge Dach entdeckt und sei über dieses hinuntergerutscht, um dann im Schutz der Dunkelheit davonzulaufen. Diese Deutungsmöglichkeit ließ sich nicht widerlegen. Im übrigen hatte unsere Mutter kein Interesse daran, Anna unter Umständen zu verlieren. Sie ließ also die ganze Angelegenheit im Sand verlaufen. Und da unser Vater ein verdienstvoller Parteigenosse war, wurde auf die Wünsche seiner Frau Rücksicht genommen.

Allerdings verprügelte der Dorfpolizist in diesen Tagen einen jungen Ukrainer so brutal, daß er angeblich eine Woche lang arbeitsunfähig war. Solch eigenmächtigen Strafvollzug leistete sich dieser Polizist des öfteren, wenn es um Ostarbeiter ging. Allerdings handelte er sich damit den Groll der Bäuerin ein, für die der Ukrainer arbeitete: Ausgerechnet mitten in der Frühjahrszeit, wo es so viel auf den Feldern zu tun gab! Wenn schon geprügelt werden mußte – warum konnte das nicht im Winter erledigt werden, wenn keine Feldarbeit anfiel?

Ob diese Prügelstrafe mit dem nächtlichen Männerbesuch zusammenhing, haben wir nie herausbekommen. Darüber gibt es nur Vermutungen. Wohl aber merkte ich, daß Mutter von nun an nächtlichen Geräuschen aufmerksamer, ja mißtrauischer nachlauschte und für Annas Unschuld nicht mehr die Hand ins Feuer gelegt hätte.

Tatsächlich – und nun greife ich vor – wurde ihr Verdacht etwa eineinhalb Jahre später bestätigt: Mutter und ich saßen abends lesend in der Wohnküche. Es konnte neun, vielleicht auch schon zehn Uhr gewesen sein. Anna hatte sich gleich nach dem Abwasch des Geschirrs vom Abendessen in ihre Kammer zurückgezogen mit der Begründung, sie habe Kopfweh.

Plötzlich hörten wir beide ein merkwürdiges, scharrendes Geräusch von der Nordseite des Hauses her. Wir sahen uns an. Uns kam der gleiche Verdacht: Jemand versuchte, über das Vorhausdach hinaufzuklettern. Blitzschnell sprachen wir uns ab. Mutter lief die Treppe hinauf zu Annas Kammer, ich stürzte aus der Haustür. In der Dunkelheit konnte ich wenig sehen. Aber ich konnte doch erkennen, daß ein Mann über das schräge Dach herunterrutschte, auf die Erde fiel, sich aufrappelte und wegrannte.

Diesmal behauptete Anna nicht, keine Ahnung gehabt zu haben, wer sie habe besuchen wollen. Sie schwieg. Den Namen des nächtlichen Besuchers gab sie nicht preis. Den wollte Mutter auch gar nicht wissen. Was brachte er ihr? Sie war empört über das »zerstörte Vertrauen« und Annas »Verdorbenheit«. Mir und Bekannten gegenüber sprach sie immer wieder von der »ungezügelten Triebhaftigkeit dieser slawischen Völker«, wobei deutlich das Bewußtsein der Höherwertigkeit unseres Deutschtums mitschwang. Da legte sich doch dieses junge Ding mit irgendeinem Kerl ins Bett, ohne mit ihm verheiratet zu sein! Was für eine Schamlosigkeit! Und das noch dazu unter ihrem Dach, wo sie doch Annas Vater versprochen hatte, auf sie aufzupassen!

Anna ließ Mutters Vorwürfe stumm über sich ergehen, mit gesenktem Kopf. Was hätte sie denn auch für Chancen gehabt gegenüber einer Frau, die nicht nur über ihr Wohl und Wehe entschied, sondern dazu auch noch derart strenge moralische Prinzipien vertrat?

Aus der heutigen Sicht kann man über die Reaktion unserer Mutter nur den Kopf schütteln. Anna war jung und gesund und sehnte sich nicht nur körperlich nach einem Mann, sondern auch seelisch nach einem Ansprechpartner, einem Freund. Sie wußte nicht, wie lange der Krieg dauern würde. Und sie mußte damit rechnen, so lange in Deutschland bleiben zu müssen, bis er endete. Das war für sie, die zu dieser Zeit erst neunzehn Jahre alt war, eine Unendlichkeit.

Sicher gab es auch in ihrer Heimat einen Moralkodex. Aber sie war aus dieser Geborgenheit herausgerissen worden und lebte hier in Deutschland in einer Art Gefangenschaft. Es ging nur darum, das Beste aus dieser Lage zu machen und zu überleben. Daß sie nicht nur ein Arbeitstier, sondern auch Frau sein wollte, war doch verständlich.

Aber es widerstrebt mir, unsere Mutter in Bausch und Bogen zu verurteilen. Auch sie war eine Gefangene, allerdings in ganz anderer Hinsicht: geprägt von den Idealen der Jugendbewegung, nicht etwa von den Moralvorstellungen der Kirche, vertrat sie deren moralische Prinzipien. Zum Beispiel dieses: Eine Frau darf bis zu ihrer Verehelichung keinen sexuellen Umgang mit Männern haben. Sie selbst hatte sich strikt an dieses Gebot gehalten. Sich beherrschen! war ein anderes Motto ihres Lebens und ihrer Pädagogik gewesen. Sich nicht gehenlassen! Keinen Gelüsten nachgeben! Wir Kinder haben gründlich gelernt, uns zu beherrschen. Später hatten wir die größte Mühe, einen Teil der uns anerzogenen Beherrschung wieder abzulegen.

Die arme Anna wurde für ihre »Triebhaftigkeit« und »Hemmungslosigkeit« bestraft. Sie mußte jetzt tatsächlich für ein paar Wochen während der Mahlzeiten allein am Küchentisch sitzen. Diese Erniedrigung ertrug sie klaglos und ohne aufzubegehren. Erst zum Ende des Krieges hin nahm Mutter sie wieder gnädig an unserem Familientisch auf.

Wir haben nie erfahren, welcher der Ukrainer, die in unserem Dorf oder in den Nachbardörfern arbeiteten, ihr Freund war. Wir hatten nur Vermutungen. Vielleicht hat sie ihre Freunde ja auch gewechselt, aus was für Gründen auch immer. Das war aber allein ihre Angelegenheit.

Kriegsende und Abschied

Im dritten Jahr von Annas Deutschlandaufenthalt stellte Mutter wieder zusätzlich ein Pflichtjahrmädchen in unserem Haushalt ein, auch eine Anna. Sie stammte aus dem Nachbardorf, war mein Jahrgang und hatte mit mir zusammen vier Klassen der Dorfschule besucht. Ein zierliches, blondes Mädchen, das wir, um sie von Anna zu unterscheiden, Annla riefen. »-la« ist die Verkleinerungsform im schlesischen Dialekt, der bei uns im Adlergebirge gesprochen wurde, und entspricht dem hochdeutschen »-chen« oder »-lein«.

Anna und Annla vertrugen sich gut. Das lag wohl auch daran, daß Anna begriffen hatte, welch geringen gesellschaftlichen Rang das NS-Regime Ostarbeitern zuwies: Sie waren billige Arbeitskräfte, weiter nichts. Anna übernahm die körperlich schwereren und die unangenehmen Arbeiten, half Annla, wo sie konnte, korrigierte unauffällig, was Annla zuweilen falsch machte, und blieb im Hintergrund. Annla nahm dieses Verhalten freundlich zur Kenntnis und nutzte die Sachlage, daß sie Deutsche und damit sozusagen – aus nationalsozialistischer Sicht – wertvoller war, nie aus. Aber auf die Rechte, die ihr, dem Pflichtjahrmädchen, laut behördlicher Weisungen zustanden, erhob sie Anspruch.

Anna genoß keinerlei Rechte. Für sie gab es nur Pflichten – und ein paar menschliche Gesten aus Gnade und Barmherzigkeit, im besten Fall aus spontaner Zuneigung. Die Kinder liebten sie. Und meine jüngsten Geschwister begriffen noch nicht, daß es Deutsche und Ukrainer gab und daß irgendeine Instanz diesen beiden Nationalitäten unterschiedliche gesellschaftliche Stellenwerte zumaß. Für die Kleinen gab es nur Menschen, und Anna war ein Mensch.

Und dies muß noch gesagt werden: So zufrieden unsere Mutter auch mit Anna war und so sehr sie sich auf sie auch verlassen konnte: zu ihrer Freundin, ihrer Vertrauten machte sie sie nie. Mutter blieb immer die Herrin, Anna die Magd – bis kurz vor dem Zeitpunkt, als sie uns verließ. Und *mein* Verhältnis zu Anna? Sie erlebte mich als Teenager und dementsprechend launisch. Schlechten Gewissens erinnere ich mich daran, daß ich ihr gegenüber zuweilen mein Privileg, zu den Wertvolleren zu gehören, genüßlich betonte.

Ende Februar 1943, nachdem die Schlacht um Stalingrad schon deutlich gemacht hatte, daß Deutschland kaum mehr mit einem Sieg rechnen konnte, erreichte uns die Nachricht aus Mariupol am Asowschen Meer: Unser Vater war tot. Auch

Anna nahm an unserer Trauer teil. Sie hatte ihn ja gekannt. Während ihres Aufenthalts bei uns war er einige Male auf Urlaub daheim gewesen.

Im täglichen Ablauf unseres Lebens änderte sich mit der Tatsache, daß es für uns keinen Vater mehr gab, fast nichts. Wir hatten ihn ja schon seit ein paar Jahren nur noch über seine Briefe und während ein paar armseliger Urlaubstage erlebt. Unsere Mutter hatte die Regie des Familienlebens allein geführt. Dabei blieb es auch weiterhin. Sie mußte nicht einmal ein Begräbnis ausrichten: Vater war auf einem Soldatenfriedhof in einem Stadtpark von Mariupol begraben worden.

In unserer nächsten Verwandtschaft hatte der Krieg ebenfalls Opfer gefordert. Mein Cousin war gefallen, auch einige Cousins zweiten Grades. Und viele Familien aus unserem Freundeskreis trauerten um Ehemänner, Väter, Söhne, Brüder.

Nicht nur die immer häufigeren Todesnachrichten, sondern auch die täglichen Radiomeldungen über Frontverlauf und Luftangriffe bewirkten, daß die allgemeine Stimmung immer trüber wurde. Fast alle großen Städte Deutschlands waren zerbombt. Auch unser Dorf mußte viele Bombengeschädigte aufnehmen. Die Lebensmittelzuteilungen wurden immer karger. Von allen Seiten rückten die Fronten näher.

Im Winter 1944/45 mußten in Wichstadtl außer »Ausgebombten« auch noch Flüchtlinge aus Ostpreußen, dem Wartheland und Pommern untergebracht werden. Jagd nach Deserteuren hielt die Bevölkerung des Adlergebirges in Atem. Man begann sich Gedanken darüber zu machen, was geschähe, wenn es den Russen gelänge, bis in unsere Gegend vorzustoßen, und manche Leute vergruben ihr Silberzeug, wenn sie überhaupt welches besaßen, in Keller oder Garten. Wie das Leben in Deutschland nach einem verlorenen Krieg aussehen würde, wollte sich allerdings noch so gut wie niemand vorstellen. Irgendwie, so meinten die meisten Zeitgenossen, würde zum Schluß doch noch alles gut ausgehen.

Unsere Mutter war eine Frau, die Gefahren und Notlagen nüchtern zu begegnen pflegte. Sie machte sich keine Illusionen über ein Nachkriegsleben nach einer deutschen Niederlage. Sie wußte Prioritäten zu setzen: Erst einmal hieß es, das Kriegsende zu überleben.

Ihr wurde klar, daß uns Anna bei der Begegnung mit den Russen eine große Hilfe sein konnte. Die Russen würden Anna nichts tun. Sie würde sich ihnen verständlich machen können. Wenn sie uns zu schützen versuchte, würde man ihr Anliegen wahrscheinlich respektieren.

Mutter sprach mit mir darüber. Wir begannen Anna zu beobachten. Sie mußte längst begriffen haben, daß Deutschland den Krieg verlieren und von den Siegern besetzt werden würde. Sie hörte ja jeden Tag die Nachrichten aus unserem Radio. Wir konnten davon ausgehen, daß sie sich danach sehnte, frei zu sein und heimkehren zu können, und daß sie sich um so mehr freute, je näher dieser Zeitpunkt rückte.

Aber sie zeigte weder Schadenfreude noch Triumph, wurde nicht aufmüpfig, blieb freundlich und hilfsbereit wie immer. Ohne Zweifel mochte sie uns, hing vor allem an den jüngsten Kindern. Vielleicht hatte sie sogar Angst um uns – mindestens um Volker, ihren Liebling, der inzwischen vier Jahre alt geworden war und sie vielleicht noch spontaner liebte als seine Mutter.

Sie half mit, als ich in einer kleinen Kiste unsere paar silbernen Löffel und Schöpfkellen im Garten vergrub. Sie verstaute zusammen mit Mutter einen großen Tontopf voll Honig unter dem Heu auf dem Schuppenboden. Sie half auch, die Stapel nationalsozialistischer Zeitschriften vom Dachboden herunterzuschleppen, die Mutter zu vernichten gedachte. Sie schien sich geradezu mit uns und unserer Angst vor dem Kommenden zu identifizieren – so, daß wir uns fragen mußten: Hat sie Grund, vor den Russen Angst zu haben? Oder besaß sie so viel Feingefühl, daß sie uns durch ihre Anpassung ersparte, vor ihr – als die zukünftigen Unterlegenen und Machtlosen – das Gesicht zu verlieren?

Nur ging sie jetzt öfter ins Dorf, um sich mit ihren Leuten zu treffen. Mutter verbot es ihr nicht.

Anna konnte bereits tun, was sie wollte. Aber sie nutzte diese Freiheit nicht aus. Sie tat, als habe sich nichts geändert.

Anna Baisa, so hörten wir von Familie Pietsch, weinte nicht mehr.

Während der letzten Kriegstage zeigte sich, daß die kleine Landstraße, die vor unserem Grundstück in Ost-Westrichtung vorüber in unser Dorf führte, zu einer Hauptfluchtroute für viele geworden war, die nicht in die Gewalt der Russen geraten wollten. Tag und Nacht zogen Flüchtlingstrecks aus östlicheren Gebieten vorbei, auch Wagen mit flüchtenden Funktionären der Partei. Vor allem aber war es deutsches Militär, das sich über das Adlergebirge in den Westen zu retten versuchte. Eine ganze Nacht lang hörten wir von der Straße her ein Scheppern, Knirschen, Quietschen, Klirren. Am nächsten Morgen sahen wir von unseren Fenstern aus, was sich da im Dunkeln zugetragen hatte: Geschütze, Munition und Autoersatzteile waren am Straßenrand abgestellt worden, türmten sich an manchen Stellen hoch aufeinander, und von denen, die sich hier von ihrem Ballast getrennt hatten, war nichts mehr zu sehen.

Im Lauf des nächsten Tages – es war der 8. Mai, der Waffenstillstandstag, wie wir aus dem Radio erfuhren – zog es unsere Mutter vor, mit uns hinauf ins Gebirge zu flüchten, weg von dieser Straße, auf der sicher auch die Russen herangezogen kämen.

Anna wollte im Dorf bleiben, bei Anna Baisa. Aber sie bot sich an, während unserer Abwesenheit unsere Tiere zu füttern und zu melken. Das Schaf hatten wir im letzten Kriegsjahr verkauft. Es ging nur noch um zwei Ziegen.

Der Abschied wurde uns schwer, denn wir wußten ja nicht, ob wir uns je wiedersehen würden. Vor allem von Volker konnte sich Anna nur schwer trennen. Immer und immer noch einmal drückte sie ihm Küsse auf die Wangen. Das Kind wußte gar nicht, wie ihm geschah. Sie winkte noch lange.

Über Feldwege zerrten wir unseren Handwagen ins Gebirge hinauf, in der Hoffnung, in einem abgelegenen Dorf oder Gehöft unterzukommen, bis das Schlimmste vorüber war. Unterwegs dachten wir oft an Anna. Würde sie sich wirklich um die Ziegen kümmern oder hatte sie uns das nur versprochen, um uns zu beruhigen?

Wir fanden Quartier in einem einsamen Dorf. Mutter schlief nicht viel in dieser Nacht. Sie kam zu der Erkenntnis, daß wir daheim, wo wir jeden Schlupfwinkel kannten, immer noch sicherer waren als in fremdem Gelände, in fremden Häusern, bei fremden Leuten, auch wenn sie noch so freundlich waren. Also kehrten wir am nächsten Tag wieder zurück auf unsere Rosinkawiese.

Es war der 9. Mai. Jetzt zog niemand mehr von

Osten her über unsere Landstraße, niemand mehr flüchtete querfeldein. In unserem Haus hatte sich eine Flüchtlingsfamilie einquartiert.

Anna war nicht da. Aber die Ziegen waren gefüttert und gemolken.

Als meine Geschwister und ich von den umliegenden Wiesen und Feldern ins Haus schleppten, was Soldaten und Zivilflüchtlinge, nach Westen hastend, liegengelassen oder fortgeworfen hatten, kam Anna aus dem Dorf gelaufen. Jemand hatte ihr erzählt, daß wir wieder heimgekehrt seien. Ihre Freude, uns wohlbehalten wiederzusehen, war ganz offensichtlich echt.

Sie blieb bei uns, ohne daß wir sie darum baten. Denn jetzt mußten bald die ersten Russen auftauchen. Aus östlichen Nachbarorten sahen wir Rauchsäulen aufsteigen.

Die ersten russischen Einheiten rollten am späten Nachmittag vorüber, ohne daß sie von unserem Haus, das etwa zweihundert Meter von der Landstraße entfernt lag, Notiz genommen hätten. Es war ein sonniger Tag. In Friedenszeiten hätten wir ihn im Garten arbeitend verbracht.

Plötzlich kam ein Russe von der Straße herüber und steuerte unser Haus an. Anna empfing ihn heiter-unbefangen an der Haustür, zusammen mit unserer Mutter. Er wollte unsere Uhren haben, und Mutter und Anna konnten ihn nicht davon abhalten, in die Küche zu kommen. Dort waren wir Geschwister versammelt. Er warf einen Blick auf mich und fragte: »Wie alt?« Ich stotterte: »Siebzehn«, aber Mutter rief gleichzeitig »Fünfzehn!«, und Anna tat alles, um ihn abzulenken. Sie scherzte mit ihm auf ukrainisch, er antwortete auf russisch, Mutter händigte ihm unsere Uhren aus, und er zog zufrieden mit ihnen ab.

Mutter atmete auf und schickte meine nächstjüngere Schwester und mich mit Decken und Proviant in den Wald. Dort blieben wir die ganze Nacht. Unsere Gedanken drehten sich um Mutter und Geschwister daheim. Wir setzten unsere Hoffnung auf Anna.

Wie wir am nächsten Tag erfuhren, war diese erste Nacht glimpflich vorübergegangen. Eine Anzahl von Italienern, die auf russischer Seite gekämpft hatten und jetzt auf dem Heimweg waren, hatten sich bei uns einquartiert, hatten auf unserem Herd aus eigenen Vorräten italienische Gerichte gekocht und dabei schallend Opernarien gesungen. Unserer Mutter waren sie sehr galant begegnet, und mit den Kindern hatten sie geschäkert.

Anna blieb noch den nächsten und übernächsten Tag und tat ihre Arbeit wie bisher. Nur zwischendurch lief sie manchmal ins Dorf und sprach sich mit den anderen Ukrainern ab.

Jetzt erschienen keine Russen mehr bei uns. Die meisten von ihnen waren weitergezogen. Nur eine kleine Gruppe hatte sich im Dorf einquartiert. Als wir uns wieder nach Wichstadtl wagten, erfuhren wir von Vergewaltigungen und Plünderungen.

Uns wurde klar, daß wir in diesen Tagen viel Glück gehabt hatten. Daß das Kriegsende für uns glimpflicher als für viele Frauen aus dem Dorf abgelaufen war, lag mit an Mutters Strategien in gefährlichen Lagen. Glück verschaffte uns auch mancher Zufall, zum Beispiel die italienische Einquartierung. Und nicht zuletzt haben wir Anna zu verdanken, daß wir damals nicht mehr verloren als ein paar Uhren. Sie hatte alles ihr Mögliche getan, um uns zu beschützen.

Am dritten Tag nach dem Einzug der Russen verabschiedete sie sich endgültig von uns. Ein Pferdefuhrwerk mit mehreren Ukrainerinnen und Ukrainern kam vorgefahren und holte sie ab. Wir gaben ihr noch für einige Tage Proviant mit. Sie selbst forderte nichts von uns. Nicht den großen Tontopf voll Honig im Heu. Nicht die silbernen Löffel und Schöpfkellen, deren Versteck sie kannte. Nicht meine oder Mutters Sonntagskleider oder unsere besten Schuhe. Obwohl sie wußte, daß wir sie ihr hätten herausgeben müssen, ohne aufzubegehren. Sie nahm nur mit, was ihr gehörte.

Sie war jetzt nicht mehr die Magd für uns, die Angehörige einer »minderwertigen« Rasse. Sie schied von uns als Freundin. Noch einmal küßte sie Volker ab, betropfte ihn mit ihren Tränen. Und immer wieder rief sie uns zu, als sie schon auf dem Wagen saß und sich von uns entfernte, sie werde schreiben, sobald sie daheim angekommen sei.

Auf der Suche nach Anna

Sie konnte nicht wissen, daß wir schon zwei Wochen später ebenfalls unterwegs sein würden.

Die Pfingstfeiertage des Jahres 1945 verbrachten wir noch zu Hause. Inzwischen hatten die Tschechen im Dorf, im Adlergebirge, in der ganzen ehemaligen Tschechoslowakei wieder die Macht übernommen. Am Dienstag nach Pfingsten fand in Wichstadtl ein Massaker statt, bei dem Tschechen zehn Deutsche auf brutale Weise umbrachten. Auch unser Vater wäre an diesem Tag ermordet worden, wenn er noch am Leben gewesen wäre. Denn auch sein Name war vor der Hinrichtung verlesen worden.

Als unsere Mutter von diesem Vorgang erfuhr, entschied sie sich, mit uns die Rosinkawiese zu verlassen. Denn sie sah unter solchen Voraussetzungen für uns Kinder keine Zukunft in diesem Land.

Wir zogen davon und kehrten diesmal nicht um. Wir wanderten mit unserem Handwagen, auf dem Gepäckstücke aufgetürmt lagen, nach Schlesien hinüber und über Waldenburg, Liegnitz, Sagan, Forst aus dem polnisch besetzten Gebiet westwärts in die »Sowjetzone«.

Unterwegs dachten wir oft an Anna. Wo mochte sie sich jetzt aufhalten? Ob sie schon zu Hause angekommen war? Wie mochte es ihr auf dem Heimweg ergangen sein?

Ich hatte keine genaue Vorstellung von der geographischen Lage ihres Heimatortes. Irgendwo im östlichen Polen – das war alles, was ich wußte. Und ich hatte auch den Namen ihres Dorfes in Erinnerung behalten: Grab.

Unser Ziel war Winsen an der Luhe, wo Tante Hilde und Onkel Peter wohnten oder zumindest bis zum Kriegsende gewohnt hatten. Nach einem zwangsweisen Aufenthalt in Mecklenburg gelang es uns im Spätherbst des Jahres 1945 doch noch, in den Westen zu kommen.

Anfang November erreichten wir Tante Hilde. Sie war glücklich, daß sie uns alle lebend wiedersah, und auch Onkel Peter war wohlbehalten aus den letzten Kämpfen heimgekehrt. Mit Tante Hildes Hilfe fanden wir eine notdürftige Unterkunft.

Zwei Jahre später zogen wir von Winsen nach Wiesbaden, wo sich inzwischen die Mutter unserer Mutter und ihr Stiefvater niedergelassen hatten. Mutter, die von Beruf Kindergärtnerin und Jugendleiterin war, richtete in Wiesbaden einen Privatkindergarten ein. Er lief gut. Mit den Einkünften aus dieser pädagogischen Arbeit ermöglichte sie uns sechs Kindern, die Berufe zu erlernen, die uns lagen.

Anna – wenn sie überhaupt noch lebte – konnte nicht wissen, daß wir uns jetzt in Westdeutschland aufhielten. Und wir konnten ihr nicht schreiben, denn wir wußten ihre Adresse nicht. Sie hatte sie uns zwar bei ihrem Abschied gegeben, aber die war bei dem plötzlichen Aufbruch daheim geblieben – wie so vieles, dem wir später nachtrauerten.

Ich wurde Lehrerin und ging nach ein paar Dienstjahren in Deutschland nach Südamerika, um dort an deutschen Auslandsschulen zu unterrichten. Ende 1963 kehrte ich für vier Jahre nach Deutschland zurück.

Zu Pfingsten 1964, neunzehn Jahre nach dem Abschied von der Rosinkawiese, fuhr ich mit dem älteren meiner beiden Brüder für zehn Tage in die Tschechoslowakei, nach Wichstadtl, um die Stätten meiner Kindheit wiederzusehen. Erst seit einiger Zeit war es wieder möglich, als Tourist einzureisen. Wir wußten nicht einmal, ob das braune Holzhaus hinter dem Teich noch stand. Es konnte längst abgebrannt sein.

Wir fanden die Rosinkawiese wohlbehalten vor. Sie lag jetzt mitten in einem riesigen Kolchosenfeld, und die Bäume rund um das Anwesen waren inzwischen zu ihrer vollen Höhe emporgewachsen. Der Garten wirkte wie ein Park. Und der Teich, das Herzstück der Rosinkawiese, war auch noch da.

Wir wurden von den jetzigen tschechischen Besitzern freundlich aufgenommen. Sie zeigten uns alle Räume, den Garten, den Ziegenstall, das Wäldchen, das unser Vater gepflanzt hatte. Wir spürten, daß sie die Rosinkawiese genauso liebten, wie wir sie geliebt hatten. Als ich in Annas Kammer stand, wurde die Erinnerung an diese junge Ukrainerin wieder sehr lebendig. Sie mußte jetzt 39 Jahre alt sein – wenn sie noch lebte. War sie etwa irgendwann in den zurückliegenden Jahren hier einmal aufgetaucht, auf der Suche nach uns? Oder hatte sie versucht, uns zu schreiben, in der Meinung, wir lebten noch hier? Wir fragten die Tschechen. Aber sie hatten nie etwas von einer Anna Czopiak gehört.

Auf dem Heimweg nahm ich mir vor, herauszubekommen, ob Anna noch lebte. Aber ich wußte ja nichts von ihr als ihren Namen und den Namen ihres Dorfes, dazu die Sicherheit, daß sie Ukrainerin und nicht Polin war, obwohl sie damals die polnische Staatsbürgerschaft besessen hatte.

Wo lag Grab?

Daheim in Wiesbaden erwartete mich viel Arbeit. Aus meinem Vorhaben wurde nicht mehr als ein flüchtiges, vergebliches Durchforschen von Landkarten. Dann heiratete ich und ging mit meinem Mann zusammen noch einmal für fünf Jahre nach Südamerika. Dort bestand das Leben aus lauter Aufregungen privater, beruflicher und politischer Art. Darüber vergaß ich Anna.

Auch Mutter hatte es – trotz einiger Willensbekundungen in dieser Richtung – nicht geschafft, ernsthaft nach Anna zu suchen. Und meine Geschwister? Sie hatten, ähnlich wie ich, so viel mit sich selber zu tun. Ihnen stand Anna vielleicht auch nicht so nahe wie mir. Volker konnte sich kaum mehr an sie erinnern. Und so blieb es bei einem gelegentlichen An-sie-Denken und guten Absichten.

Das änderte sich erst, als ich Ende 1972 mit meinem damals zwei Jahre alten Sohn aus Südamerika zurückkehrte. Ich zog, nachdem ich mich von meinem Mann getrennt hatte, zu Mutter, die sich, sobald sie alle ihre sechs Kinder im Berufsleben wußte, in das winzige Dorf Hartershausen nahe dem osthessischen Städtchen Schlitz zurückgezogen hatte, um da ihren Lebensabend zu verbringen.

In diesen Hartershausener Jahren erinnerten wir uns wieder öfter an Anna. Mutter hatte den Namen ihres Dorfes längst vergessen. Ich aber wußte ihn noch. Ich durchsuchte ein paar Atlanten und Landkarten, aber ich fand nur einen Ort namens Grab in Jugoslawien. Natürlich, Annas »Grab« war ja nur ein Dorf. Ich benötigte Landkarten mit einem anderen Maßstab.

Aber lag Grab überhaupt noch in Polen? Nach dem Krieg hatte die Sowjetunion Gebiete Ostpolens annektiert. Hatte sich der Ort Grab vielleicht in diesen Landstrichen befunden? Oder war er nach dem Krieg umbenannt worden?

Zwischen unserer Mutter und Familie Pietsch, die im Jahre 1946 nach Merseburg, Ostdeutschland, umgesiedelt worden war, gab es noch Kontakte. Jedes Jahr zu Weihnachten schrieben die beiden alten Frauen einander und berichteten sich gegenseitig, was sich im Lauf des vergangenen Jahres in ihren Familien ereignet hatte. Einmal hatte Mutter angefragt, ob Pietschs ein Lebenszeichen von Anna Baisa erhalten hätten. Frau Pietsch verneinte. Sie fügte hinzu, sie sei sehr interessiert daran, zu erfahren, ob die beiden Annas wohlbehalten heimgekommen seien. Aber man kenne ja ihre Adresse nicht.

Bei einer Taxifahrt durch Frankfurt/Main lernte ich zufällig einen Mathematiklehrer aus Warschau kennen, der, vor kurzem aus Polen gekommen, hier in Frankfurt als Taxifahrer seinen Lebensunterhalt verdiente und Westdeutschland nur als Zwischenstation betrachtete. Sein endgültiges Ziel waren die USA. Ihm schilderte ich mein Problem. Ein paar Tage später schickte er mir die Adresse einer polnischen Behörde zu, die ich anschrieb mit der Bitte um Auskunft, ob sich auf polnischem Staatsgebiet ein Ort namens Grab befinde und, falls ja, wo er liege.

Ich schrieb in deutscher Sprache. Da es sich um eine hohe staatliche Behörde handelte – ich weiß nicht mehr, wie sie sich nannte –, setzte ich voraus, daß man dort auf Post aus dem Ausland eingestellt sei und entsprechende Übersetzer zur Verfügung habe.

Ich bekam keine Antwort.

Vorerst gab ich die Suche wieder auf, fragte aber in Buchhandlungen nach Landkarten von Polen. Was ich erhielt, suchte ich ab nach dem Namen Grab. Er ließ sich nicht finden. Geriet ich zufällig an eine historische Karte Polens, suchte ich auch auf ihr. Ich bekam einen regelrechten »Grab«-Blick. Aber alle diese Karten gaben nur größere Ortschaften wieder. Grab war ein Dorf. Sicher ein kleines.

Wieder vergingen Jahre. Manchmal, wenn ich einen Polen oder eine Polin traf, fragte ich nach dem Ort Grab. Das war wie die Suche einer Stecknadel im Heuhaufen. Nie bekam ich zu hören: »Ja, den kenne ich!«

Schließlich vermutete ich, daß der Ort nach dem Krieg doch irgendwie zur Sowjetunion geschlagen worden war. Aber das konnte eigentlich nicht sein. Denn die Sowjetunion hatte sich den Ostteil Polens gleich nach der Beendigung des deutschen Polenfeldzugs angeeignet. Anna aber war erst kurz vor Beginn des Rußlandfeldzugs zu uns gekommen!

Ich schrieb einen Brief an die Stadtverwaltung von Lemberg, das jetzt L'vov heißt. Ich ließ den

Brief ins Russische übersetzen und die Adresse in kyrillischen Buchstaben schreiben.

Diesmal bekam ich Antwort – aber keine, die mir weiterhalf: Den städtischen Behörden sei eine Ortschaft namens Grab nicht bekannt.

Wieder nichts. Außerdem, so machte ich mir klar, würde mich das Wissen um die genaue Lage des Ortes vielleicht gar nicht weiterbringen. Anna konnte auf dem Heimweg des Jahres 1945 irgendwo unterwegs hängengeblieben sein. Oder sie war von Grab aus woanders hingezogen. Wahrscheinlich trug sie inzwischen längst einen anderen Namen usw. usw.

Ich versuchte es noch einmal anders: Ich schrieb einen Brief, adressiert an Anna Czopiak, Grab/Polen.

Der Brief kam nie zurück. Aber – so folgerte ich – hätte ihn Anna bekommen, hätte sie ganz sicher geantwortet.

Ich resignierte. Inzwischen waren wir aus dem Dorf Hartershausen in das Städtchen Schlitz gezogen. Wieder vergingen Jahre. Dann kam die Wende. Auf einem Treffen der Leute meines Heimatdorfes im Jahr 1990 begegnete ich auch Hanni, der zweiten Pietsch-Tochter. Sie ist so alt wie meine nächstjüngere Schwester. Sie wohnte in Merseburg und hatte bis zur Wende als Büroangestellte gearbeitet. Jetzt war sie im Vorruhestand.

Wir tauschten Jugenderinnerungen aus und

kamen auch auf unsere beiden Annas zu sprechen. Ich erzählte ihr von meinen fruchtlosen Versuchen. Sie hatte auch keine Ahnung, wo dieser Ort Grab lag. Und ihre Mutter war inzwischen gestorben.

Damit war dieses Thema abgehakt. Hanni fuhr zurück nach Merseburg, und wir blieben in losem Kontakt. Ab und zu rief ich sie mal an, ab und zu sie mich.

Ich ließ das Problem Anna wieder eine Weile aus den Augen. Bis ich einige Zeit nach den großen politischen Umwälzungen im Osten merkte, daß sich das Angebot an Landkarten, was die Länder des ehemaligen Warschauer Pakts betraf, sehr verbreitet hatte. Wieder studierte ich polnische Karten, ohne auf Grab zu stoßen.

Ende 1991 lag ich nach einem Unfall ein paar Wochen im Krankenhaus. Kaum kam ich wieder auf die Beine, starb unsere Mutter, neunzigjährig. Nun stand mir vorerst der Sinn nicht danach, in der Angelegenheit Grab weiterzuforschen.

Gegen Ende des Jahres 1993 las ich einmal vor einer Schulklasse aus meinem Buch ›Rosinkawiese‹. In dem anschließenden Gespräch fragte mich eine Schülerin, ob meine Familie denn nach dem Krieg mit Anna wieder Verbindung aufgenommen habe.

Ich mußte verneinen.

Damit begann ich von neuem, mich mit Anna zu beschäftigen. Mußte sie jetzt nicht bald siebzig

Jahre alt sein? Ich rechnete nach: Am 7. Januar des kommenden Jahres würde sie, wenn sie noch lebte, ihren 69. Geburtstag feiern. Es wurde höchste Zeit, sie aufzuspüren. Ich bekam geradezu detektivische Anwandlungen. Verdammt noch mal, dieser Mensch Anna mußte doch zu finden sein!

Im März 1994 telefonierte ich wieder einmal mit Hanni Pietsch. Ich lud sie zu einem Besuch über die Osterfeiertage ein. Sie sagte zu. Im selben Telefonat kamen wir auf die beiden Annas zu sprechen. Mir fiel Hannis ältere Schwester Marianne ein, die mit mir und unserem ehemaligen Pflichtjahrmädchen Annla die Dorfschule besucht hatte. Wir drei hatten demselben Jahrgang angehört. Aber Annla lebte nicht mehr. Ihre ganze Familie war nach deren Ausweisung irgendwo in der Sowjetzone im Jahr 1946 oder 1947 an Tuberkulose gestorben. Und Marianne Pietsch hatte ein paar Jahre nach dem Krieg einen Mann aus unserem Dorf geheiratet, dem inzwischen ein Bauernhof im Mühlviertel in Österreich gehörte.

Ich bat Hanni, Marianne beim nächsten Telefonat zu fragen, ob sie sich erinnern könne, wo das Heimatdorf der beiden Annas gelegen habe. Die Antwort erreichte mich eine Woche später. Marianne, so erfuhr ich, habe den Namen des Dorfes nicht mehr gewußt. Aber sie meine, sich daran erinnern zu können, wie ihre Mutter vor vielen Jahren einmal von diesem Ort gesprochen habe –

von einem Karpatendorf nahe der slowakischen Grenze.

Ich war wie elektrisiert. Kaum war das Gespräch beendet, nahm ich mir unsere Landkarten vor und suchte Südpolen ab. Ort für Ort, Millimeter für Millimeter. Dann durchsuchte ich die Ortsregister. Nichts. Da fiel mir ein, daß mein Sohn gerade erst einen neuen Autoatlas für 1994 erworben hatte.

Sofort holte ich ihn aus dem Wagen herein und suchte Polen. Im EUROPA KARTENTEIL I FÜR DIE GROSSE FAHRT entdeckte ich eine Karte von Südpolen und der Nordslowakei im Maßstab 1:75 000. Gespannt suchte ich das Grenzgebiet ab. Westlich des Dukla-Passes, nordöstlich der slowakischen Stadt Bardejow, südöstlich der polnischen Stadt Gorlice, stieß ich auf Grab. Jawohl: Grab. Noch nicht einmal fünf Kilometer von der slowakischen Grenze entfernt.

Die Fahrt nach Grab

Kalender her! Nach den Osterfeiertagen hatte ich eine knappe Woche Zeit, die noch nicht verplant war. Ich rief Hanni an, erzählte ihr, daß ich Grab gefunden hatte, und fragte sie, ob sie daran interessiert sei, gleich am Dienstag nach Ostern – bis Ostermontag sei sie ja sowieso bei mir zu Gast – mit nach Polen zu fahren.

Sie sagte sofort zu.

Ich durchdachte das geplante Unternehmen. Grab lag mitten in den Karpaten. Ich erinnerte mich an meine böhmische Gebirgsheimat. Anfang April konnte dort noch Schnee liegen. Hanni hat keinen Führerschein. Das hieß: Ich mußte den Wagen allein steuern und mit einer eventuellen Autopanne allein klarkommen. Das traute ich mir nicht zu.

Ich rief Sepp an, einen guten Freund unserer Familie, der mir schon aus mancher technischen Patsche herausgeholfen hatte. Als Ungarndeutscher war er nach dem Krieg nach Ostliessen verschlagen worden, fand eine Existenz als Bergmann und Nebenerwerbslandwirt und lebt nun in Rente. Obwohl er sich schon den Siebzigern nähert, reist er noch für sein Leben gern und läßt sich auch durch mangelnden Komfort nicht aus der Fassung bringen.

Ich rief ihn an, schilderte ihm kurz, worum es ging, und fragte ihn, ob er Lust habe, mitzumachen.

»Da fragst du noch?« antwortete er.

Am Dienstag nach Ostern fuhren wir los. Wir nahmen die Route Schweinfurt – Bamberg – Cheb/Eger – Brno/Brünn und übernachteten in einem kleinen Hotel kurz vor der slowakischen Grenze. Am nächsten Morgen ging es quer durch die Slowakei, über Povazka Bystrica – Zilina – Martin – Liptovsky Mikulás – Poprad in nordöstlicher, dann in östlicher Richtung bis nahe an die polnische Grenze. Und dann immer mehr oder minder an ihr entlang über Stara Lubovna – Bardejov – Svídník, wo wir noch einmal bleifreies Benzin tankten, bis zum Grenzübergang am Duklapaß: Ab hier war Polen.

Das Wetter war uns bisher gnädig gewesen. Wir hatten zwar ab und zu die Scheibenwischer einschalten müssen. Aber es regnete nur. Und Glatteis hatte uns bisher auch noch nicht zu schaffen gemacht.

Mit etwas gemischten Gefühlen passierten wir die Grenze um die Mittagszeit. Was erwartete uns in Polen? Würden wir hier wirklich einer so ausgeprägten Kriminalität begegnen, wie sie von heimkehrenden Polentouristen oft geschildert wird?

Uns blieb nicht viel Zeit, derlei Gedanken nachzuhängen. Wir waren vollauf damit beschäftigt, den Weg zu finden. Die kleinen Städte Bardinek und Tylawa boten in dieser noch laublosen Jahreszeit einen ernüchternden Anblick. Der Autoatlas hatte uns Hoffnung gemacht, von Tylawa aus westwärts – quer durch offensichtlich kaum besiedeltes Gebirge – nach Grab gelangen zu können. Aber als wir in Tylawa nach dieser Route fragten, wurde energisch abgewinkt: nicht in dieser Jahreszeit! Dort oben liege ja noch hoher Schnee. Die Straße sei zu. Es gebe nur einen einzigen offenen Weg in diese Richtung: über Dukla und Iwla.

Das hieß, wir mußten uns erst einmal noch weiter von Grab entfernen, und zwar in Richtung Norden.

Wir durchquerten die Stadt Dukla, die allerlei Sehenswertes verhieß, konnten uns aber nicht entschließen, hier eine Stunde Pause einzuschieben. Uns bewegte jetzt nur eine Frage: Würden wir unsere Annas wiedersehen?

Kurz nach Dukla bogen wir von der guten breiten Straße Nr. 9 nach links ab, erreichten auf einer schmaleren Landstraße Iwla, ein großes Dorf, und schlugen uns von dort nach Süden bis zur Ortschaft Krempna durch. Jetzt ging es auf einer Straße, die kaum mehr diesen Namen verdiente und von Schlaglöchern übersät war, quer durch endlose, urige Wälder, über Berg und Tal. Wie wir aus dem Atlas ersahen, waren wir mitten in den Beskiden, einem Teilgebirgszug der Karpaten. Nur mit knappem Abstand quetschten wir uns an den wenigen Fahrzeugen vorbei, die uns entgegenkamen. Zum Glück herrschte wenig Verkehr auf dieser Strecke.

Wir kamen nur langsam voran, denn überall, wo wenig Sonne hinkam, lag noch Schnee. Tierspuren kreuzten unseren Weg. Selten begegneten wir Menschen.

Krempna war die letzte Ortschaft vor unserem Ziel: ein weitverstreutes Dorf, von endlosen Wäldern umgeben, und mitten im Dorf eine kleine russisch-orthodoxe Kirche mit dem Doppelkreuz auf der Turmspitze.

Auch diese Besichtigung hoben wir uns für den Rückweg auf. Jetzt nichts wie hin zu den Annas! Wir fragten nach dem Weg nach Grab und ernteten Erstaunen.

»Nach Grab?« wurde noch einmal nachgefragt. Wir bekamen Auskunft und fuhren weiter. Noch zehn Kilometer.

Wir wunderten uns. Was war daran so seltsam, daß jemand nach Grab wollte? Freilich, es lag sozusagen am Ende der Welt. Zu Fuß hätten wir es von der slowakischen Grenze aus in eineinhalb Stunden erreicht. Das wäre illegal gewesen – und durch hohen Schnee und ohne Führer auch nicht ganz ungefährlich. Um den Ort mit dem Wagen zu erreichen, hatten wir einen Umweg von über vierzig Kilometern machen müssen. Aber daß es auch in Grab Menschen gab, die Besuch von auswärts bekamen – war das etwas so Ungewöhnliches?

Das letzte Stück des Weges war wirklich nicht leicht zu bewältigen. Wir passierten Eisflächen, quälten uns durch hohen, weichen Schnee. Daß wir durchkamen, verdankten wir nur dem Vierradantrieb unseres Autos. Einmal hielten wir an, stiegen aus und lauschten. Da kein Wind ging, herrschte Stille im Wald. Nur ab und zu knackte es irgendwo in den Zweigen.

Endlich erreichten wir auf dem leicht abschüssigen Weg, der zu einer Talsohle führte, das Ortsschild von Grab. Es war zwei Uhr nachmittags. Wir waren da. Wenn die beiden Annas noch lebten und nicht fortgezogen waren, würden wir sie in der nächsten Viertelstunde in die Arme schließen können!

Als wir die große Lichtung auf der Talsohle erreichten, entdeckten wir, außer ein paar Schuppen, nur ein einziges Haus. Es stand von einem seitlich abzweigenden Weg etwas zurückgesetzt am Waldrand und war bewohnt. Rauch stieg aus dem Schornstein. Sowohl an der Straße entlang, die sich auf dem gegenüberliegenden Hang entfernte, wie auch neben dem Weg, an dem das Haus stand, wucherte dichtes Gebüsch.

Wir hielten vor dem Haus an. Mit einem deutsch-polnischen Wörterbuch in der Hand stieg ich aus. Noch bevor ich das Haus erreicht hatte, trat ein alter Mann aus der Tür. Er begriff sofort, worum es ging, als ich den Namen »Anna Czopiak« nannte. Er schüttelte den Kopf und bat mich ins Haus. Ich deutete auf den Wagen, auf meine Begleiter. Er winkte auch sie herein.

Bazyli Pec hieß er und war Pole. Er lebte hier mit seiner Frau und der Familie seines Sohnes. Kaum saßen wir, trug seine Frau eine Schüssel voll Suppe auf und nötigte uns zu essen. Wir langten zu, denn wir waren hungrig. Es war eine wohlschmeckende Gemüsesuppe mit Fleisch.

Und das erfuhren wir im Verlauf der nächsten Stunde: Unsere Anna war im Frühsommer 1945 heimgekommen. An eine Anna Baisa konnte sich Bazyli Pec nicht erinnern, dieser Name sagte ihm nichts. Anna Czopiak erreichte ihr Dorf einen Tag, bevor alle seine ukrainischen Einwohner, auch Familie Czopiak, es verlassen mußten. Die Ukrainer aus Grab – in dem Ort hatten außer einer Anzahl jüdischer Familien fast nur Ukrainer gelebt – wurden in die Sowjetunion umgesiedelt. Zwangsweise. In der Ukraine, in einer großen Kolchose nördlich von Lemberg/L'vov, brachte man sie unter und gab ihnen dort auch Arbeit.

Wir konnten nicht verstehen, warum die Ukrainer ihr Dorf hatten verlassen müssen. Der alte

Bazyli hatte Mühe, uns mit vielen Gesten und dem Wörterbuch die Zusammenhänge zu erklären:

Die Sowjetunion hatte sich – das war uns bekannt – nach dem deutschen Polenfeldzug das östliche Drittel Polens angeeignet. Dazu gehörte das ehemalige österreichische Galizien, dessen Hauptstadt Lemberg war, jetzt L'vov. Nach dem Kriegsende führte die Sowjetunion eine große Umsiedlungsaktion durch: Alle Polen, die in dem von ihr annektierten östlichen Teil Polens ansässig waren, wurden nach Restpolen und in die ehemals deutschen Gebiete wie Pommern und Schlesien, die nach Kriegsende Polen zugesprochen worden waren, abgeschoben. Gleichzeitig wurden die Ukrainer, die bisher als Minderheit vor allem in Südpolen beheimatet gewesen waren, in die Ukraine, einen Teilstaat der Sowjetunion, umgesiedelt. Also Polen nach Polen, Ukrainer in die Ukraine. Nach Heimatgefühlen und Verlust von Haus und Hof wurde nicht gefragt.

Eineinhalb Jahre lang arbeiteten die Leute aus Grab in dieser Kolchose. Dann entschloß sich – laut Bazyli – ein großer Teil von ihnen, kostete es, was es wollte, wieder nach Polen in ihr Beskidendorf zurückzukehren. Zu Fuß machten sie sich auf den Weg, Männer, Frauen und Kinder, und schafften es tatsächlich, sich der russisch-polnischen Grenze ein Stück zu nähern.

Aber bei L'vov war Schluß. Den Leuten wurde

gesagt, daß sie sich die Heimkehr aus dem Kopf schlagen sollten. Wohl um sie zu besänftigen, brachte man sie in verlassenen polnischen Häusern und Gehöften unter. Einige Familien aus Grab, darunter auch die Czopiaks, landeten in dem großen Dorf Richtiči, ein paar Kilometer nördlich der Stadt Drogobyč.

Richtiči scheint ein überwiegend polnisches Dorf gewesen zu sein, und wahrscheinlich werden auch nicht wenige Juden darin gelebt haben. Jedenfalls muß dieser Ort nach der Aussiedlung der Polen fast leer gewesen sein, so daß sich genug Platz für die Ukrainer fand.

Annas Familie lebte seitdem in Richtiči. Bazyli hatte noch jahrelang mit Annas Bruder Briefe gewechselt. Erst in letzter Zeit sei die Korrespondenz eingeschlafen.

Jetzt verstanden wir, warum wir, als wir nach Grab fragten, solches Erstaunen ausgelöst hatten. Das Dorf Grab bestand offenbar nur noch aus einem Ortsschild und einem Haus – dem Haus, in dem wir jetzt saßen und Suppe löffelten. Vielleicht gab es zwischen den Büschen noch ein paar Ruinen. Denn wir erfuhren von Bazyli auch, daß hier die deutsch-russische Front während der letzten Kriegswochen hin- und hergewandert sei. Als sie in westlicher Richtung weitergerückt war, habe sie das Dorf fast gänzlich zerstört zurückgelassen. In den vier oder fünf Häusern, die noch standen, hätten die Überlebenden notdürftig Unterkunft gefunden.

Wieso war dann aber der Ort Grab im Autoatlas verzeichnet?

Möglicherweise hatten sich die mit der Herstellung neuer Karten Beauftragten in der Hast der Nach-Wende-Zeit, in der ein Autoatlas ja auch Reisemöglichkeiten in die östlichen Nachbarländer anbieten und möglich machen sollte, an Karten orientiert, die aus der Zeit stammten, als Grab noch ein intaktes Dorf mit mehreren hundert Einwohnern gewesen war. Seitdem war ein halbes Jahrhundert vergangen, und vieles hatte sich verändert.

Wir waren enttäuscht. Aber ganz umsonst war die Fahrt nach Grab doch nicht gewesen, denn Bazyli konnte uns die Adresse von Annas Bruder geben. Das hieß, ich würde Anna schreiben können. Nach Bazylis letztem Wissensstand lebte Anna noch. In Richtiči.

Richtiči. Wir holten unseren Autoatlas aus dem Wagen. Bazyli fand den Ort nach einigem Suchen: ein großes Dorf, etwa 100 Kilometer – Luftlinie – in südlicher Richtung von L'vov und etwa ebensoweit von der ukrainisch-polnischen Grenze entfernt.

Bazylis Sohn kam vom Dienst heim. Ein etwa dreißig- bis fünfunddreißigjähriger Zollbeamter. Er begrüßte uns freundlich, und nachdem auch er Suppe gegessen hatte, wurde Kuchen aufgetragen. Auch Schwiegertochter und Enkelkind hatten sich jetzt am Tisch eingefunden. Bazylis Sohn schlug uns vor, doch gleich von hier aus hinüber nach Richtiči zu fahren. Wenn man ein paar Stunden Warterei an der Grenze in Kauf nehme, könne man dort ein Visum bekommen. Er zeigte uns auf der Karte, daß der nächste Grenzübergang bei Przemysl sei, von Grab etwa 160 Kilometer entfernt. Es sei aber ratsam, von dort aus nicht den kürzesten Weg über Landstraßen nach Richtiči zu nehmen, auch wenn man sich damit die Hälfte der Entfernung spare, sondern den Umweg über verkehrsreiche Hauptstraßen vorzuziehen, also die Route L'vov – Stryj – Drogobyč zu wählen. Auf den kleinen Landstraßen stelle man ausländischen Touristen Fallen und raube sie aus.

Wir erzählten ihm, was man uns vor der Reise von der Kriminalität in Polen erzählt hatte. Er schüttelte nur den Kopf.

Aber nun standen wir vor einer Entscheidung. Würde es möglich sein, auf dieser Reise Anna doch noch wiederzusehen? Wir überlegten, berieten, wogen ab – und kamen zu dem Entschluß, doch nicht gleich nach Richtiči weiterzufahren, sondern erst an Anna zu schreiben. Sie konnte ja inzwischen doch gestorben oder zumindest krank sein. Und mir stand nur noch eine Woche Zeit zur Verfügung, danach hatte ich wichtige Termine, die ich nicht gefährden durfte. Und noch ein wichtiges Argument für die direkte Heimkehr war dies: In der Ukraine gab es kein bleifreies Benzin. Mein Auto fuhr aber nur bleifrei. Mehr als eine Tankfüllung Ersatzsprit durfte man in die Ukraine nicht einführen.

Das war riskant.

Wir verabschiedeten uns also von dieser so gastfreundlichen und hilfsbereiten Familie, ließen uns noch Bazylis Adresse geben und versprachen ihm, darüber zu berichten, was wir von oder über Anna erfahren würden.

Für den Rückweg hatten wir genug Gesprächsstoff. Und nun hatten wir auch genug Zeit und Geduld für eine Besichtigung des Marktplatzes der Stadt Dukla, die früher sicher sehr schön gewesen war. Jetzt machte sie einen verarmten und etwas vernachlässigten Eindruck. Unser deutscher Blick blieb an jeder renovierungsbedürftigen Fassade hängen.

Zurück in die Slowakei über den Duklapaß, durch eine schöne Gebirgslandschaft. Dann westwärts über Prešov – Poprad, vorbei an Schlössern und Burgen. Erst nach Einbruch der Dunkelheit erreichten wir die Tatra. Bei Stary Smokovec übernachteten wir, um am nächsten Tag bei sonnigem Wetter und herrlichem Ausblick von den Tatrahöhen weiterzufahren bis nach Wichstadtl, Hannis und meinem Heimatdorf. Dort zeigte ich Sepp unsere ehemalige Rosinkawiese. Hannis Elternhaus steht nicht mehr. In einem der Nachbardörfer fanden wir eine Herberge.

Am Samstagabend waren wir wieder daheim, und Sepp kehrte in sein osthessisches Dörfchen, Hanni nach Merseburg zurück.

Ein Brief von Anna

Schon gleich in den nächsten Tagen fragte ich in Schlitz herum, ob es in dieser Gegend jemanden gebe, der mir einen Brief ins Ukrainische übersetzen könne.

Ich fand niemanden. Da fiel mir eine Rußlanddeutsche ein, die ich schon vor ein paar Jahren kennengelernt hatte. Sie ist die Frau eines Landwirts in Hartershausen, dem Dorf, in dem meine Mutter und ich viele Jahre gelebt hatten, bevor wir nach Schlitz zogen.

Diese Frau kam, soweit ich mich erinnerte, aus Kasachstan. Sie beherrschte sicher nicht die ukrainische Sprache. Aber Russisch konnte sie. Die Ukraine hatte jahrzehntelang zur Sowjetunion gehört. Dort mußte so gut wie jeder die russische Sprache verstehen.

Ich rief also Frau Maria L. an, erzählte ihr kurz die Geschichte von Anna und fragte sie, ob sie mir einen Brief an Anna übersetzen könne. Sie war sofort bereit, und schon am nächsten Tag brachte ich ihr, was ich in Deutsch aufgesetzt hatte: Ich berichtete Anna von meinen Bemühungen, ihr Dorf zu lokalisieren, und erzählte ihr von unserer

Reise nach Grab. Ich schilderte ihr auch kurz unseren Exodus aus Wichstadtl, wie es uns in den Nachkriegsjahren ergangen war und wie es uns sechs Pausewang-Kindern jetzt ging. Maria L. übersetzte den Brief und schrieb mir die Adresse in deutscher und kyrillischer Schrift auf den Umschlag. Den Brief schickte ich als Einschreibsendung an Annas Bruder ab. Er erhielt auch eine Notiz an ihn: Er möge bitte dieses Schreiben an seine Schwester Anna weiterleiten.

Anfang Mai kam die Antwort. Der Brief war vom 29. 4. 94 datiert. Natürlich konnte ich ihn nicht lesen. Aber es gab keinen Zweifel darüber, daß er von Anna war.

Anna hatte geschrieben! Ich war zu keiner Arbeit fähig, solange ich nicht wußte, was in ihrem Brief stand. Ob Maria L. Zeit hatte? Ich rief sie an. Sie war genauso gespannt wie ich. Ja, ich solle sofort kommen, sie sei zu Hause.

Sie las mir laut den deutschen Inhalt des Briefes vor. Ich schrieb mit, denn auch meine Geschwister sollten erfahren, was Anna geschrieben hatte. Es war ein Brief in russischer Sprache. Beherrschte Anna inzwischen die russische Sprache und Schreibweise? Oder hatte auch sie sich diesen Brief von jemandem schreiben lassen?

Richtiči, den 29.4.94

Meine liebe Gudrun,
ich war sehr aufgeregt und glücklich, daß Du mich gesucht und gefunden hast. Nachdem ich Deinen Brief bekommen hatte, war ich zwei Tage krank.

Ich habe Dich seit mehreren Jahrzehnten gesucht, habe einige Male ans Rote Kreuz und nach Wichstadtl geschrieben. Aus Wichstadtl hat man mir geantwortet, daß man Euch von dort deportiert hat. Damit habe ich den Faden verloren, mit dem ich hätte weitersuchen können.

Du fragst mich, wie ich heimgekommen bin. Ganz unterschiedlich: mal zu Fuß, mal auf den Zisternen von Güterzügen. Drei Wochen waren wir unterwegs. In Ceczowo hat man Anna Baisa und mich auf das Polizeirevier gebracht. Dort nahm man uns alles Wertvolle, was wir noch bei uns hatten, weg.

Wir sind nach Grab gekommen und waren dort nur einen Tag. Dann hat man das ganze Dorf, darunter auch meine Familie, in den Kreis Stalin (stalinskaja oblast) umgesiedelt. Dort haben wir eineinhalb Jahre in einer Kolchose gewohnt und gearbeitet. Danach wollten einige Familien wieder in die Heimat, nach Grab, zurückkehren. Aber in L'vov hat man uns angehalten und nicht nach Polen durchgelassen.

So sind wir im Gebiet L'vov gelandet. Meine Familie siedelte sich in Richtiči an, das ist hundert Kilometer von L'vov entfernt. Anna Baisa lebte in L'vov. Ich heiratete 1948 und habe zwei Töchter und vier Enkelkinder. Und jetzt erwarte ich einen Urenkel. Mein Mann ist vor acht Jahren gestorben. Ich lebe mit meiner jüngeren Tochter zusammen.

Gudrun, ich hoffe, daß wir uns baldmöglichst wiedersehen, und dann erzähle ich Dir das alles ausführlich. Anna Baisa hat geheiratet, einen Sohn geboren, und nach der Entbindung versagten ihr die Beine ... Sie lag viele Jahre im Bett, es sind auch schon wieder viele Jahre vergangen, seit sie gestorben ist. Der Sohn lebt beim Vater.

Meine liebe Gudrun, berichte mir doch bitte ausführlich über Deine Geschwister, besonders über meinen Liebling Volker. Ich hätte ihn ja so gern gesehen. Wenn Du zu uns kommen kannst, überrede ihn doch bitte, mitzukommen. Das würde mein Alter ein bißchen verschönern.

Ich hätte Euch alle ja so gern wiedergesehen. Die Meinen kennen Euch aus meinen Erzählungen. Gudrun, schreibe mir doch bitte, wann und wo Du an der Grenze bist. Man würde Dich dann dort in Empfang nehmen und bis nach Richtiči begleiten. Schreibe bitte, wie man Dich erkennen kann, falls ich selber nicht in der Lage bin, hinzukommen.

Ja, und die Jahre verlangen das Ihre, und wir haben uns beide in dieser Zeit verändert. Ich warte auf eine Begegnung.

Ich küsse Dich!

Anna Tkatsch, geborene Czopiak

Nun war der Kontakt also endlich geknüpft. Wir wußten wieder voneinander. Ich wurde zwar nicht für zwei Tage krank, fühlte mich aber doch den Rest des Tages etwas »aus dem Gleis«. Noch am selben Abend machte ich Fotokopien der Übersetzung von Annas Brief und schickte sie an meine Geschwister – auch an die Schwester, die in Peru lebt.

Ich rief Hanni an und las ihr den Brief vor. Was das Schicksal von Anna Baisa betraf, konnte ich ihr keine guten Nachrichten übermitteln. Dieses arme Menschenkind war, wie es schien, sein Leben lang von Unglück verfolgt gewesen und hatte es auch nicht verstanden, so wie »unsere« Anna aus ihrer jeweiligen Lage das Beste zu machen.

Schon in den nächsten Tagen antwortete ich Anna. Ich schilderte ihr meine Freude, sie jetzt endlich gefunden zu haben, berichtete ihr noch ausführlicher über meine Geschwister und äußerte meine Trauer über Anna Baisas Schicksal und meinen Zorn über die polnischen Polizisten, die sich nicht geschämt hatten, ihr und Anna Baisa das Wenige wegzunehmen, was sie nach dieser beschwerlichen Heimkehr noch besaßen. Dem Brief legte ich ein paar Fotos von mir, meinem Sohn und meinen Geschwistern bei, dazu alte Bilder aus der Rosinkawiesenzeit. Darüber würde sie sich sicher freuen.

Aber ich mußte Anna auch schreiben, daß ich sie im Sommer 1994 nicht würde besuchen können. Denn schon im vorangegangenen Winter, als ich noch nicht im Traum zu hoffen gewagt hatte, Annas Aufenthaltsort zu erfahren, hatten mein Sohn und ich eine Sommerreise nach Chile und Peru geplant und bereits die Tickets besorgt. Ich fragte Anna im Brief, ob sie denn keine Lust habe, uns zu besuchen. Sie könne ja in Begleitung einer ihrer Töchter kommen. Selbstverständlich würden wir für sie und die Tochter die Reisekosten übernehmen ...

Gleichzeitig mit diesem Brief schickte ich ein Exemplar meines Buches ›Rosinkawiese‹ an Anna ab. Darin ist auch sie zu sehen. Auf dem Foto hält sie Volker auf dem Arm.

Ihre Antwort ließ lange auf sich warten:

Liebe Gudrun,
es sind schon viele Tage her, seit ich von Dir den Brief bekommen habe ... Ich konnte nicht gleich antworten, weil ich krank war. Ich habe eine Entzündung bekommen, dabei hat sich die alte Krankheit Arthrose wieder verstärkt. Sie quält mich schon seit dreißig Jahren. Die Lage bei uns in der Ukraine ist nicht lustig. Ich hoffe, daß Dir das aus der Presse auch schon bekannt ist. Also kann sich nicht jeder das Auskurieren leisten. Mein Leben lang habe ich in der Kolchose gearbeitet, der Verdienst war nicht hoch, und dementsprechend ist auch meine Rente ausgefallen. Meine

Ersparnisse sind weggeschmolzen durch die Inflation. Das Wetter bekommt mir jetzt auch nicht. Bei uns ist es sehr heiß, bis zu 36 Grad. Dann habe ich hohen Blutdruck und kann nicht hinaus.

Am 7. 1. 95 werde ich ja schon siebzig Jahre. Deswegen ist auch mein Brief ein bißchen traurig ... Gudrun, ich weiß nicht, ob ich Deutschland noch jemals sehen werde. Aber ich hoffe, Euch alle noch zu sehen. Du hast mein Leben ganz aufgewirbelt mit Deinen Briefen und Deinem Buch, für das ich Dir sehr dankbar bin ...

Du kannst Dich vielleicht noch erinnern, daß ich eine Schwester hatte, die Maria hieß und zehn Jahre jünger war als ich. Weißt Du noch, daß wir an sie eine Puppe geschickt haben? An die mußte sie oft denken. Vor zwei Jahren ist sie gestorben.

Noch teurer ist mir die Erinnerung an die kleine Tanne, die Ihr mir zu meinem Geburtstag in meiner Kammer aufgestellt habt. Meine Geburtstagsfeier fiel ja mit der Weihnachtsfeier zusammen. Im Alter sind alle kleinen Erinnerungen lieb und wichtig.

Ich hätte Euch alle so gern gesehen. Denn wir haben so viele gemeinsame Erinnerungen ...

Schreib mir über den Volker, denn er kennt mich ja nur aus Erzählungen, und für mich ist die Erinnerung an ihn sehr wach und wichtig. Seine ersten Worte und seine ersten Schritte geschahen vor meinen Augen. Bis zum nächsten Sommer zu

Anna im Sommer 1995

warten ist ja so lange. Ich hätte Euch gern viel eher gesehen. Alle sechs und alle mit ihren Familien. Aber sicher könnt Ihr nicht gleich alle zusammen kommen.

Viel Komfort kann ich Euch nicht versprechen, aber ich empfange Euch alle mit Freude und der Herzlichkeit einer Dorf-Frau. Was mein Haus zu bieten hat, steht zu Eurer Verfügung.

Herzliche Grüße an die ganze Familie Pausewang
Anna

»Diesem Brief merkt man die Enttäuschung an«, sagte Frau L., nachdem sie ihn übersetzt hatte.

Ja, so war's. Anna hatte mit einem Wiedersehen in den nächsten Wochen gerechnet. Für sie lag der Sommer 1995 in so weiter, so verschwommener Ferne, daß sie, vor allem nach der noch nicht ganz durchgestandenen Krankheit, daran zweifelte, ihn noch zu erleben. Und die in meinem letzten Brief angesprochene Möglichkeit, mich zu besuchen, schien sie – aus ihrer depressiven Stimmung heraus – als nicht realisierbar gar nicht erst in Betracht zu ziehen.

Gewiß, sie war schon einmal nach Deutschland gereist. Damals. Aber da hatte sie sich um nichts zu kümmern brauchen. Man hatte sie hingebracht, sie hatte nicht selbst die Organisation der Reise bewältigen müssen.

Jetzt aber, so hatte sie wahrscheinlich überlegt,

läge die ganze Last der Planung und Durchführung auf ihren Schultern. Nach Deutschland. Das lag doch so unendlich weit weg, gefühlsmäßig sicher weiter als Moskau ...

Ich sprach mit Volker. Konnte er nicht mal für zwei, drei Tage hinfahren?

Er winkte ab. Er hatte seine Urlaubsplanungen für diesen Sommer auch schon längst abgeschlossen. Außerdem verband ihn nichts mit Anna. Er kannte sie nur aus Mutters und unseren Erzählungen, und gegen Früher-, Ja-damals- und Weißt-du-noch-Storys ist er sowieso allergisch.

»Soll ich ihr gegenüber Gefühle vortäuschen, die ich gar nicht empfinde?« sagte er. »Das fände ich unfair. Damals, als Kind, habe ich sicher an ihr gehangen. Aber doch jetzt nicht mehr! Mach ihr das klar!«

Er hatte gut reden. Natürlich, er hatte recht. Aber was spielte das schon für eine Rolle angesichts Annas übermächtiger Gefühle?

Im Frühsommer desselben Jahres erreichte mich ein Brief meiner »Peru«-Schwester. Sie hatte die Fotokopie der Übersetzung von Annas Brief bekommen und schickte mir nun einen Antwortbrief an Anna zu. Sie bat mich, ihn übersetzen zu lassen und dann an Anna weiterzuleiten. Ich solle aber nicht zu lange damit warten, denn es komme ihr sehr darauf an, daß Anna ihn bald erhalte.

Hier ein Auszug aus ihrem Brief:

Liebe Anna,
ich bin voller Freude, daß Gudrun Dich endlich gefunden hat, und ein bißchen traurig, weil wir so weit voneinander entfernt sind, daß wir einander nicht besuchen können ... Ich kann mich noch gut an Dich erinnern. Und nun möchte ich Dich um Verzeihung bitten für etwas, was mich alle die Jahre bedrückt hat. Es war an einem Weihnachtsfest, in Wichstadtl, wir hatten im Blauen Zimmer den Weihnachtsbaum mit Süßigkeiten geschmückt. Davon habe ich immer genascht, und die Mutter hat damals Dich verdächtigt. Du konntest doch gar nichts dafür. Ich habe immer wieder die lockenden Dinge gestohlen, obwohl ich wußte, daß Du dafür herhalten mußtest. Aber ich habe es einfach nicht geschafft, davon zu lassen.

Es hat mir gleich damals sehr leid getan, und seither mußte ich oft daran denken. Aber ich konnte immer nur versuchen, meine Schuld an anderen ein bißchen gutzumachen ...

Ich bin froh, daß ich Dir das endlich schreiben kann ...

Dem nächsten Brief, den ich an Anna schickte, legte ich die Übersetzung des Briefes meiner Schwester bei.

Ich berichtete auch Bazyli Pec nach Grab, was Anna geschrieben hatte. Einige Zeit später antwortete er. Jemand hatte ihm seinen Brief in fast einwandfreies Deutsch übersetzt:

Liebe Freunde,

zum Beginn meines Briefes möchte ich mich recht herzlich für Ihren Brief bedanken und mich entschuldigen, daß ich erst so spät schreibe.

Ich freue mich, daß ich behilflich sein konnte bei der Sache der Familie Czopiak. Ich war auch sehr interessiert daran, zu erfahren, ob sie noch lebt und wie es ihr so geht.

Ich habe eine Bitte an Sie. Bitte schreiben Sie mir etwas mehr über die Familie und die anderen Personen dort, die Familien, die hier aus unserem Gebiet waren bzw. wohnten, wo ich jetzt wohne. Ich war schon lange nicht in der Ukraine. Auch habe ich keine Informationen von dort. Mich würde sehr interessieren, wie die Menschen dort wohnen, man hört hier sehr viel von Gewalt und von der Armut dort. Auch an der Grenze gibt es viele Unangenehmheiten ...

Sie schreiben in Ihrer letzten Karte, daß Sie nächstes Jahr eine Fahrt in die Ukraine planen. Falls Sie dann hier in der Nähe sein werden, würden wir uns sehr freuen, wenn Sie uns besuchen würden. Sie könnten bei uns eine kleine Pause einlegen.

So, damit möchte ich diesen Brief beenden und hoffe, daß wir bald etwas von Ihnen hören werden.

Wir grüßen Sie recht herzlich und alles Gute für Sie und Ihre Familie.

Mit freundlichen Grüßen

Herr Pec

Anna bekommt Besuch

Ende Juni 1994 traf ich in Frankfurt/Main K. R., einen leitenden Angestellten eines süddeutschen Verlages, und dessen Frau. Wir saßen eine Weile zusammen, und als das Gespräch zufällig auf meine ›Rosinkawiese‹ kam, ein Buch, das beide gelesen hatten, erzählte ich ihnen, immer noch bewegt von diesem plötzlichen Sich-Wiederfinden, von Anna. Ich bedauerte, sie in diesem Sommer nicht besuchen zu können, und äußerte mein Bedauern auch darüber, ihr kein Paket, nicht einmal ein Päckchen oder eine Geldsumme schicken zu können. Erstens – so war ich informiert worden – sei es höchst fraglich, ob die Sendung überhaupt ankomme, zweitens müsse der Empfänger hohen Zoll bezahlen.

Die R.s horchten auf. Ich erfuhr, daß sie sich nach der Wende schon mehrmals in der Ukraine aufgehalten hatten und daß auch die nächste Urlaubsreise, geplant für den August, über den Balkan in die Ukraine führen sollte. Und sie schlugen vor, Anna einen Besuch abzustatten, wenn ich damit einverstanden sei. Sie seien auch bereit, ein Geschenkpäckchen mitzunehmen.

Dieses Angebot nahm ich gern an. Daheim packte ich in einen leeren Schuhkarton kleine Geschenke für Anna und ihre ganze Familie, schrieb Grüße an Anna dazu und schickte das Päckchen mit einem Begleitbrief, der auch eine Fotokopie der Seite 347 im Autoatlas mit deutlichen Pfeilen in Richtung Richtiči sowie Annas Namen enthielt, an die R.s. Einen Straßennamen gab's nicht.

Sie bestätigten die Ankunft dieser Sendung und teilten mir knapp vor unserer Abreise nach Chile mit, an welchem Tag – es war ein Sonntag – sie Anna zu besuchen gedachten.

Ich hatte zu dem ins Russische übersetzten Brief an Anna, der schon seit zwei oder drei Wochen zur Absendung bereitlag, nach dem Treffen mit den R.s in Frankfurt noch einen Zusatzbrief übersetzen lassen, in dem ich Anna den Besuch der R.s ankündigte. Ich ließ in diesem Text nur noch eine Lücke frei für das Datum. Als ich dieses nun erfahren hatte, wollte ich es in den Brief einsetzen, konnte aber im Rummel und der Unordnung unserer Reisevorbereitungen den Zusatzbrief nicht mehr finden. Mir blieb keine Zeit mehr, noch einmal einen Brief aufzusetzen und ihn ins Russische übertragen zu lassen. Ich konnte jetzt nur noch dem fertigen Brief an Anna eine Notiz auf Deutsch beifügen, die den Besuch der R.s ankündigte. Ich hoffte, Anna werde entweder selbst noch so viel Deutsch können, um den Sinn meiner zwei Sätze zu erraten, oder sie werde jemanden im Dorf kennen, der die deutsche Sprache wenigstens einigermaßen beherrschte.

Am 18. Juli flog ich mit meinem Sohn nach Chile. Ab und zu drehten sich meine Gedanken auch dort um Anna – trotz der vielen Reiseeindrücke. Ob die R.s wohlbehalten das Dorf Richtići erreicht hatten; wie deren Begegnung mit Anna wohl verlaufen war; was für Eindrücke die R.s von Anna, ihrer Familie, ihrem Heim, ihrer gesamten Lebenslage bekommen hatten.

Erst nach meiner Rückkehr aus Chile sollte ich dies erfahren: Anna hatte der meinem Brief in Deutsch beigefügten Ankündigung des Besuchs zwar entnommen, daß am besagten Sonntag jemand aus Deutschland komme, aber die Bedeutung der Worte »Gute Freunde von mir« war ihr nicht aufgegangen. Und so hatte sie angenommen, daß ich meinen Besuch für diesen Sonntag ankündigte, vielleicht auch den meiner Geschwister.

Jedenfalls bereitete sie zusammen mit Tochter und Enkelin ein Festessen vor, das sicher große Lücken in ihre diversen Vorräte riß und wahrscheinlich auch eine Menge gekostet hat. K. R.s ausführlicher Bericht, den ich nach meiner Heimkehr aus Südamerika vorfand, erwähnt dieses Mißverständnis. Und auch in Annas nächstem Brief ist die Enttäuschung, trotz aller Freude, zu spüren.

Hier K. R.s Schilderung des Besuchs bei Anna:

Am Samstag, dem 13. August, sind meine Frau und ich aus unserem Urlaub in der Ukraine und Belorus zurückgekehrt, wohlbehalten, unbeschädigt und voll von neuen Eindrücken. Ich weiß, daß Sie noch in Südamerika sind, aber ich will doch gleich aufschreiben, was ich Ihnen zu erzählen habe, bevor sich die Erinnerungen verwischen und durch die Büroarbeit überdeckt werden. Zwei Flaschen Wodka, eine für Sie und eine für Ihren Bruder Volker, bewahren wir hier auf, bis Sie Anfang September nach Ravensburg kommen. Es sind Grüße von Anna. Das ganze Bündel Knoblauch, das sie uns auch noch mitgegeben hat, mußten wir leider unterwegs lassen, es hätte ausgereicht, Ihre Speisen in den nächsten Jahren zu würzen.

Am Sonntag, dem 31.7.1994, haben wir also Anna gesucht und gefunden. Wir kamen von Ivano Frankovsk, der nächstgelegenen Großstadt, benannt nach dem größten Dichter der Ukraine, Ivan Franko. Wie überall in Europa war es wolkenlos und heiß, ca. 35 Grad. Den Tag davor hatten wir beim Grenzüberschritt von Rumänien in die Ukraine größere Sorgen und Aufregungen, insgesamt mußten wir fünfeinhalb Stunden an der Grenze warten und schmoren. Jeder erklärte uns, in dieses Land könne man nicht fahren, insbesondere nicht mit einem eigenen und dazu neuen Auto. Gleich hinter der Grenze würde man dort erschossen. Eine deutsche Familie aus Weißwasser erzählte, man habe ihr in Bulgarien gleich drei Autos gestohlen. Und ein Rumäne, der leidlich englisch sprach, erklärte, man dürfe unter keinen Umständen nach Einbruch der Dunkelheit unterwegs sein, denn in der Nacht warten die Räuber...

Aber so war's eigentlich in jedem der Länder: Im eigenen Land sei alles in Ordnung, aber im nächsten Land sei es unerträglich.

Wir hatten dann aber in Ivano Frankovsk einen stacheldrahtumrahmten Parkplatz gefunden, mit Tiefstrahlern erleuchtet und von fünf Schäferhunden bewacht. »Deutsche Schäferhunde!« betonte der Wärter und präsentierte uns das Auto frischgewaschen am Sonntagmorgen. In dieser Stadt gibt es auch ein Hotel der Luxusklasse, ein amerikanisch-ukrainisches Joint Venture, wo man für 90 US $ schlafen, englisch sprechen, telefonieren kann. (Kabelfernsehen kann man überall.) Das »Intourist«-Hotel, in dem wir übernachtet haben, kostete 57 US $. Die ukrainischen »Koupons«, wie die Hilfswährung heißt, gelten nicht viel. 42 000 ukrainische Rubel sind so viel wie ein US $. Die Übernachtung kostete also so viel, wie Anna in einem halben Jahr als Rente bekommt (300 000 ukrainische Rubel Rente im Monat, die Inflation liegt derzeit bei rund 15% im Monat).

Die West-Ukraine, die ja früher einmal Polen war, danach UdSSR, davor auch einmal österreichisch, hat mit der eigentlichen Ukraine wenig zu tun, was sich nicht nur politisch bei den letzten Wahlen ausdrückte, sondern auch geographisch deutlich wird. Von den weiten Kornfeldern des Ostens her, platt und eben und Ende Juli schon abgeerntet, hebt sich das Land in Wellen langsam gegen die Ausläufer der Karpaten an, wird kleinflächiger, die Farbe wechselt von Graugelb langsam ins Grüne. Obstbäume und kleine Gärten nehmen zu, es ist ähnlich, wenn man von Franken gegen die Rhön fährt.

Der Ort, in dem Anna wohnt, wird so gegen 5 000 Einwohner haben, zwei Kolchosen sind dort, und auf einem Hügel vor dem Ort steht eine der typisch russisch-orthodoxen Kirchen mit dem silbern glänzenden Aluminium-Dach.

Es war gegen Mittag, als wir ankamen, und die Kirche war wohlgefüllt. Einige Kinder und Frauen standen auch noch davor, weil drin kein Platz mehr war. Liturgische Gesänge und Wechselsprache zwischen Priester und Gemeinde füllten die Luft, und nach einem uns nicht erklärbaren Ritus kniete, saß und stand die Menge.

Auf die Idee mit der Kirche waren wir gekommen, weil wir ja keine Adresse hatten, der Ort aber durchaus Straßen und viele Häuser umfaßt. Er liegt in einer Flußniederung, auch kleine Bäche durchziehen ihn.

Wie so oft, verließen gegen Ende des Gottesdienstes die ersten Männer und Jugendlichen das Kir-

Das Dorf Richtiči

chengebäude und standen vor dessen Eingang herum. Schon beim ersten Mann hatten wir Glück, er kannte Anna und wußte, wo sie wohnte. Ein Schuljunge, der vorher sehr interessiert unser Auto bestaunt hatte, stieg nun ein und führte uns hin. Von der asphaltierten Straße ging es auf einen Feldweg mit tiefen Schlaglöchern, man mußte im Schritt-Tempo fahren, um die Achsen nicht aufsitzen zu lassen. An einem Bach mit Enten und Gänsen ging es vorbei, an kleinen Häusern, meist ganz aus Holz gebaut, und an Gärten, bis ganz an den Rand des Ortes, dann noch einmal nach links, und *dann waren wir da – und wurden erwartet. Zunächst waren da zwei jüngere Frauen, so um die vierzig Jahre alt, unverkennbar Schwestern. Dann tauchte noch eine etwa zwanzigjährige junge Frau auf, hochschwanger, mit ihrem Mann. Das waren also die beiden Töchter und die Enkelin von Anna mit ihrem Mann. Und dann trat Anna unter die Tür. Mein spontaner Eindruck war: Dies ist eine starke Frau, sowohl körperlich wie auch vom Wollen her. Sie macht einen sehr gesunden Eindruck, sehr bodenständig.*

Das kleine Haus – wir haben das Wohnzimmer, Annas Schlafzimmer und den Flur gesehen, mehr nicht – macht einen guten Eindruck. Wände und Decken sind weiß gestrichen und dann, wie in der Ukraine üblich, von Hand bemalt mit hübschen Mustern. Sie müssen sich eine weiße, gestickte Tischdecke vorstellen, mit blauen Borten und Blumen. Strom ist vorhanden, Wasser gibt es nur an der Pumpe auf dem Hof (wie in allen Dörfern der Ukraine). Eine kleine Landwirtschaft ist da, ein Kälbchen, zwei Ziegen, einige Hühner, Hund und Katze und ca. 10 000 qm Land, auf dem Kartoffeln, Gurken, Tomaten und Zucchini wachsen. Anna bewirtschaftet das allein. Man merkt an ihrem Auftreten sehr deutlich, daß sie »Herr im Haus« ist. Nebenan entsteht, in Handarbeit, ein neues, zweistöckiges Haus für die Enkel, es ist im Rohbau fertig, aber es wird wohl noch

Jahre dauern, bis es bezugsfertig ist. »Alles ist sehr teuer.«

Die Verständigung war mühsam, denn Anna hat fünfzig Jahre lang kein Deutsch gesprochen, und ihre Töchter können es nicht. Man hat Ihren Brief bekommen und gelesen, den deutschen Zusatz, daß Freunde für ein bis zwei Stunden vorbeikommen werden, allerdings falsch verstanden: Man hatte Sie und Ihre ganze Familie erwartet! So war zunächst Enttäuschung programmiert, die aber gut verarbeitet wurde. Ihr Päckchen war noch unversehrt, beim Auspacken flossen auch bei Anna die Tränen, insbesondere bei dem Tuch, das noch von Ihrer Mutter stammt, und bei dem Plüsch-Nilpferd. Den Wert des Hundertmarkscheins hat Anna sicher erst nach unserer Abreise begriffen, er ist ja ein halbes Jahreseinkommen.

Anna deutete mehrfach an, daß sie alles Gesprochene versteht, aber eben selbst nicht sprechen kann. Mit sechzehn Jahren sei sie damals von daheim fort ins Adlergebirge gekommen. Dann sagte sie plötzlich ganz klar und deutlich: »Die Frau Pausewang war gut«, *womit Ihre Mutter gemeint war. Danach kam ihr die deutsche Sprache Wort für Wort weiter ins Gedächtnis zurück.*

Sie hat offenbar mehrmals versucht, einen Reisepaß zu bekommen. Dies ist ihr aber nicht gelungen, die Behörden verweigern ihr die Erlaubnis. Wir können uns das nur so erklären: Sie braucht für die Behörden eine ukrainisch abgefaßte, kyrillisch geschriebene offizielle Einladung von Ihnen, um es noch einmal zu versuchen. Sie würde sicher alles daransetzen, um Sie besuchen zu können.

Natürlich wurden wir zum Essen gebeten. Die ganze Familie muß eine Woche gekocht haben, solche Mengen wurden aufgetischt. Kohlrouladen, Kartoffeln, Brot, Hühnchen, Torte, Kompott (eine Art Fruchtsaft) und ein selbstgemachter Likör. Immer wieder mußten wir anstoßen und auf die Gesundheit trinken. Leider haben wir natürlich nur einen Bruchteil dessen essen können, was uns angeboten wurde. Die Familie muß wohl am Abend noch sehr viele Freunde eingeladen haben, um der Berge Herr zu werden. Als wir gingen, kamen noch die Männer hinzu, die bis dahin zum Baden waren und »Schnapski trinken«, wie uns angedeutet wurde.

Nicht vergessen darf ich, daß Sie unbedingt Volker herzlich grüßen müssen, an den Anna die engsten und zärtlichsten Erinnerungen hat, viel mehr noch als an Sie selbst.

Dies mal fürs erste, den Rest gerne mündlich, wenn wir uns in Ravensburg sehen. Zu Ihrer Frage, ob man dort allein hinfahren kann, eine abwägende Antwort: Man kann von Frankfurt nach Ivano Frankovsk fliegen und dort einen Mietwagen nehmen oder einen Zug. Dies ist sicher problemlos. Übernachten kann man bei Anna, soviel

Platz scheint vorhanden. Sonst findet man in Ivano Frankovsk oder auch in Sambir ein Hotelzimmer. Pensionen oder Fremdenzimmer gibt es nicht.

Man kann auch mit dem Auto hinfahren, der direkte Weg geht über Krakau und den Grenzübergang bei Przemysl von Polen her oder aber über die Slowakei. Die Grenze wird in jedem Fall eine Qual. Aber Sie sind ja eine reisegewohnte Frau ...

Soweit der Bericht von K. R.

Ihm lagen Fotos bei. Als sie aus dem Umschlag rutschten, zog eines von ihnen sofort meinen Blick, meine ganze Aufmerksamkeit auf sich: ein altes, rundes, faltiges Frauengesicht, eingerahmt von einem geblümten Kopftuch, das im Nacken geknotet sein mußte. Ein breites, verschmitztes Lächeln. Schmale, halb unter schlaffer Haut verborgene Augen, darüber dunkle Brauen. Weit ausstrahlende Lachfalten in den Augenwinkeln, darüber eine von mehreren Längs- und Querfalten durchfurchte Stirn. Ein sympathisches, braungebranntes, von Wind und Wetter und über fünfzig Jahren schwerer körperlicher Arbeit gegerbtes Gesicht über einem den fülligen Oberkörper eng umspannenden, schwarzweiß gestreiften Kleid. Ein Gesicht, das mir fremd und doch seltsam vertraut erschien.

Das also war Anna – fast fünfzig Jahre, nachdem sie uns verlassen hatte: eine alte, rundliche Frau, bald siebzig Jahre alt, die, wenn der Eindruck nicht trog, den K. R. von ihr mitgenommen hatte und den das Foto von ihr vermittelte, mit dem Leben noch sehr gut zurechtkam.

Vor allem ihr Lächeln gefiel mir: keinesfalls ein »Say-cheese-Grinsen«, nichts Verkrampftes, sondern das Lächeln einer Frau, die in sich selbst ruht und keinen Anlaß sieht, sich zu zieren oder zu genieren.

Ich konnte mich nicht satt sehen an ihr.

Auf einem zweiten Foto war sie ohne Kopftuch zu sehen, mit dunklem Haar, das im Nacken zusammengehalten zu sein schien. Sie hatte wohl gerade irgend etwas erzählt, als das Foto aufgenommen worden war. Denn sie machte eine Gebärde mit ihren kräftigen, braungebrannten Armen. Und was diesem zweiten Bild eine ganz eigene, geradezu heitere Note gab, war der große Wandteppich, vor dem Anna auf einem Bett saß. Er zeigte eine kräftigbunte Seelandschaft mit Schilf und üppigen Seerosen, drei Hirschkühen und einem Bock mit enormem Geweih, Gebüsche aus riesigen Phantasieblüten – und im Hintergrund weißverschneite Bergmassive. Der Wandteppich beherrschte den Ausschnitt des Fotos so sehr, daß diesem Arrangement nicht er, sondern Anna den exotischen Akzent gab.

Und ganz unauffällig war – am Bildrand – auf dem Tisch vor Anna mein Päckchen zu sehen. Aufgepackt.

Die R.s hatten noch mehr Fotos geschickt: Annas Haus, ihren Brunnen, den Garten, den Neubau, der im Rohbaustadium steckengeblieben war. Aber keines dieser Fotos konnte sich für mich an Wichtigkeit mit den beiden anderen messen.

Nun wußte ich, wie Anna jetzt aussah, konnte sie mir endlich konkret vorstellen, wenn ich an sie dachte oder ihre Briefe las!

Annas nächster Brief an mich enthielt sowohl eine Karte, die sie noch am Tag des Besuchs geschrieben hatte, als auch einen ein paar Tage später abgefaßten Brief. Ihre Enttäuschung, noch unter dem Eindruck des Besuchs, formulierte sie so:

... Heute kamen Deine Freunde zu mir. Ich habe mich sehr gefreut, aber ich hatte Dich erwartet. Vielen Dank für die Geschenke ... Ich hätt ja so gern Dich gesehen! Ich wäre auch gern zu Dir gekommen, aber wir haben große Probleme, einen Reisepaß ins Ausland zu bekommen.

Und im Brief, schon mit zeitlichem Abstand zu den Ereignissen, stand zu lesen:

So wie Du es versprochen hattest, kamen zu mir Deine Freunde. Es sind sehr nette Leute. Sie kamen am Sonntag um 13 Uhr und waren nur eine sehr kurze Zeit da. Meine ersten Worte anstelle der Begrüßung waren: »Sie sind nicht die Gudrun!«...
Zuerst hatten wir Schwierigkeiten, uns zu verständigen, aber nach einer halben Stunde wurde es schon etwas leichter. Ich konnte mich an immer mehr deutsche Wörter erinnern.

Dann bezog sie sich auf den Brief meiner Schwester:

Mir tut es gut, daß Ihr noch an mich denkt, und der Brief von Linde hat mich sehr aufgewühlt ...

Ihren Brief ließ sie so enden:

Und jetzt ein bißchen über mich selbst: Ich lebe wie immer, wie die alten Leute halt leben. Es wurde ein bißchen leichter, weil es geregnet hat, und es ist nicht mehr so heiß.

Deine Freunde haben, als sie bei uns waren, ein Wörterbuch zurückgelassen. Als ich das sah, war ich sehr besorgt, weil sie nun ohne Wörterbuch auskommen mußten ... Schicke allen einen schönen Gruß.

Eure Anna. Ich küsse sie alle.

Dieses Mißverständnis, das durch meine Notiz in deutscher Sprache entstanden war, tat mir sehr leid. Es schien ja fast so, als ob Anna sich in die Vorstellung hineingesteigert hatte, wir alle sechs Pausewangs hätten mit unseren Familien anreisen wollen. Das wären zwischen zwanzig und dreißig Personen gewesen! Nach R.s Beschreibung muß sie ihre ganze Verwandtschaft in Aufregung versetzt und alle zu Arbeit und Kostenteilung veranlaßt haben.

Und dann waren nur zwei erschienen, und noch dazu Fremde, niemand aus der Pausewang-Familie. Für eine Stunde, höchstens zwei. Aber ihr Brief klang nicht vorwurfsvoll, und ihre Enttäuschung hatte sie auch nicht allzusehr ausgebreitet. Ich fühlte mich wieder an die Anna von damals erinnert, die allen Frust, allen Zwang, die Sehnsucht nach daheim vor uns versteckt gehalten und sich uns immer freundlich und guten Willens, vor allem aber nie nachtragend gezeigt hatte.

Ich nahm mir fest vor, meinen Fehler im nächsten Sommer wiedergutzumachen. Das hieß: sie zu besuchen. Denn die Hoffnung darauf, daß sie mich besuchen würde, hatte ich längst aufgegeben. So ein Unternehmen wäre für sie als Ukrainerin, die bisher noch nicht einmal einen Paß besaß, eine Kette von fast nicht zu überwindenden und noch dazu kaum zu bezahlenden Hindernissen geworden.

Wie gern hätte ich sie in meinem Heim begrüßt, hätte sie umsorgt und verwöhnt, hätte sie zu meinen Geschwistern gefahren!

Aber ich sah ein, daß das ein Traum war und auch in Zukunft ein Traum bleiben würde. Es sei denn, es gingen auf einmal alle Grenzen auf, würden durchlässig wie zwischen Deutschland und seinen Nachbarländern.

Ich war die Reiseerfahrenere, ich war mit der Beschaffungsprozedur von Reisepapieren vertraut, ich geriet wegen Visa- und Zollgebühren nicht gleich in Existenznöte. Wenn ich Anna in meinem Leben noch einmal in die Arme schließen wollte, mußte ich zu ihr reisen!

Ein Jahr lang Briefe hin und her

Der Herbst war da, der Winter rückte näher. Zeit zum Briefeschreiben. Meinen ersten Brief nach meiner Rückkehr aus Südamerika, in dem ich Anna einige meiner Reiseerlebnisse geschildert hatte, beantwortete sie spät, auf seinen Inhalt ging sie wenig ein. Kein Wunder.

Sie schrieb:

... Es sind jetzt schon einige Tage vergangen, seit ich Deinen Brief bekommen habe, für den ich herzlich danke. In dieser Zeit gab es hier einige Veränderungen, gute und schlechte.

Wie Du Dir schon denken kannst, bin ich Uroma geworden. Ich habe jetzt eine Urenkelin, und sie ist schon fünf Wochen alt. Wir haben sie Maria genannt. Ich bin Dir sehr dankbar für die Deutschen Mark, die Du mir geschickt hast. Das Geld schenkte ich meiner Urenkelin, denn ihre Mutter ist ja meine einzige Enkelin.

Und jetzt die schlechte Nachricht: Meine ältere Tochter Maria wurde Witwe. Ihr Mann ist im Alter von 53 Jahren gestorben. Für uns ist es ein ganz großer Verlust, weil er ein sehr gütiger Mensch war.

Er war ein guter Mann, ein wunderbarer Vater, ein sehr aufmerksamer Schwager ... Er war lange krank und starb am 7. September.

Du fragst mich, wie mein Mann zu mir war. Wir waren 37 Jahre zusammen. Es war viel Gutes und Schlechtes, aber das Gute überwog. Zu mir war er sehr gut, aber er hat auch gern mal einen getrunken. Zusammen bauten wir das Haus, in dem ich jetzt mit meiner Familie lebe. Und er hatte ein Haus zu bauen angefangen für die Enkelin. Er konnte es aber nicht fertigbauen, weil er schwer krank wurde und bald darauf starb. Bei der heutigen Lage wird es sehr schwer, weiterzubauen.

All die Jahre arbeitete ich in einer Kolchose. Körperlich war es keine schwere Arbeit, aber sie hat viel Zeit von mir verlangt. Zu Hause half mir in allem mein Mann. Als die Kinder größer wurden, mußten sie auch helfen ...

Gudrun, ich weiß nicht, ob ich nach Deutschland kommen kann, aber ich bitte Dich sehr, schenke mir eine Begegnung mit Dir. Ich bete zu Gott, daß ich das noch erleben kann, Dich noch einmal zu sehen. Kommt doch alle zu mir, wenn Ihr könnt.

Ich küsse Dich fest, meine Gudrun, und alle meine Lieben!

Eure Anna

Mein nächster Brief wurde schon ein Weihnachtsbrief. Spontan schrieb ich, nachdem ich ihren Brief noch einmal durchgelesen hatte:

Ja, Anna, ich komme im nächsten Sommer! Ich habe schon eine Buslinie entdeckt, die von Westdeutschland nach L'vov geht, jede Woche ein- oder zweimal. Damit könnte ich fahren. Ich schreibe Dir rechtzeitig, wann ich komme und ob ich noch eine schriftliche Einladung von Dir brauche...

Ich gratulierte ihr zur Urenkelin und äußerte mein Beileid zum Tod ihres Schwiegersohnes. Und ich kündigte ihr einen gesonderten Brief an. Sein Inhalt: ein Hundert-Mark-Schein, den sie diesmal für sich selbst ausgeben solle, und ein paar Fotos ihres Lieblings Volker, der inzwischen natürlich ein gestandener Mann von 54 Jahren geworden war.

Dieser Brief, ebenso wie alle anderen Briefe an Anna als eingeschriebene Sendung geschickt, kam nie an. Wohl aber erhielt Volker eine glitzernde Weihnachtspostkarte aus der Ukraine.

In ihrem Weihnachtsbrief bat mich Anna um eine Bescheinigung, daß sie vier Jahre bei uns in Deutschland zwangsweise gearbeitet habe. Mit ihr könne sie – möglicherweise – eine kleine Erhöhung ihrer Rente erreichen.

Ich schrieb ihr eine solche Bescheinigung:

Frau Anna Tkatsch geb. Czopiak wurde im Sommer 1941 zu Zwangsarbeit nach Deutschland deportiert, wo sie in Wichstadtl, Kreis Grulich, bei Frau Elfriede Pausewang bis zum 9. Mai 1945 gearbeitet hat.

Zu Beginn des neuen Jahres ließ ich diesen Text notariell beglaubigen und schickte ihn ihr zu, zusammen mit einem Brief, den ich mit den Worten schloß:

Ich freue mich schon auf den Sommer. Da will ich Dich doch besuchen. Ich hoffe, es klappt alles ...

Sie bedankte sich sehr herzlich für die Bescheinigung. Aber in einem späteren Brief teilte sie mit:

Leider hat es nicht geklappt. Ich habe Dich umsonst bemüht. Um die Zusatzrente zu erhalten, müßte ich eine Gerichtsverhandlung anstreben. Aber die Bemühungen eines Anwalts kosten so viel Geld ... Meine Dokumente fehlen im Archiv, weil man mich damals aus Polen deportierte. Und nach dem Krieg hat man uns in die Ukraine umgesiedelt. Ich kann es nur durch eine gerichtliche Verhandlung beweisen ...

Ihr Nachweihnachtsbrief enthielt auch noch diese Passage, die von ihrem Geburtstag handelte:

Am 7. Januar war ich mit meinen Verwandten in der Kirche. Unsere Kirche ist sehr groß, aber es waren so viele Leute, daß nicht alle hineinpaßten. An diesem Tag habe ich mich gar nicht alt gefühlt. Zu mir kam die ältere Tochter mit ihren Söhnen zum Gratulieren. Es ist schön, wenn sich die ganze Familie im Haus versammelt.

Ich hätte es ja so gern, wenn es nach dem Winter gleich Sommer wäre! Ich möchte Dich doch so schnell wie möglich sehen. Ich fühle mich gar nicht so schlecht, daß ich den Sommer nicht erleben könnte ...

Im Mai – ich hatte noch immer fest vor, Anna im Sommer zu besuchen – erkundigte ich mich in meinem Reisebüro nach den Bedingungen für eine Einreise in die Ukraine. Die Auskünfte waren ernüchternd: Man mußte ein Visum beantragen, das man nur bekam, wenn man für die Anzahl der Nächte, die man in der Ukraine zu verbringen gedachte, je einen Hotelgutschein erwarb. Alternativ konnte man sich im voraus auf einem Campingplatz einmieten, wo man dann aber auch erscheinen mußte!

Die Beschaffung des Visums sollte ein paar Wochen dauern. Von einem Visum, das man – wenn auch mit langer Wartezeit – an der Grenze bekommen konnte, war keine Rede. Freilich, ich würde mit dem Zug fahren müssen, wegen des

Mangels an Bleifrei-Benzin. Und weil die Buslinie, die man mir empfohlen hatte, nur von Karlsruhe bis L'vov führte. Aber ich mußte feststellen, daß die Zugverbindungen zur nächstgelegenen Stadt Drogobyč miserabel waren und daß man, wenn überhaupt, nur die Verbindungen bis zu den nächstgrößeren Städten in der Umgebung Richtičis erfahren konnte.

Mit Schrecken wurde mir bewußt, daß ich in der Ukraine keine Zugabfahrtsschilder, ja noch nicht einmal ein Straßenschild würde lesen können! Dort gab es ja nur kyrillische Buchstaben. Ein neuer Schock! Und ein ukrainisch-deutsches Wörterbuch konnte mir keine Buchhandlung beschaffen.

»Gibt's nicht«, mußte ich immer wieder hören. Und ich hatte mir das alles doch so einfach vorgestellt, etwa wie eine Bahnfahrt nach Tschechien, Polen oder in die Slowakei!

Schwierigkeiten über Schwierigkeiten, Anlaß zu Ängsten. Mir kam der Mut abhanden. Vielleicht, so überlegte ich, sollte ich mit dieser Reise doch noch ein Jahr warten? Vielleicht würde es im kommenden Jahr in der Ukraine auch schon bleifreies Benzin geben? Dann könnte ich mit dem Wagen fahren ...

Ich vertröstete Anna also im nächsten Brief auf den Sommer 1996.

Sie antwortete umgehend:

... Die Nachricht, daß ich Dich in diesem Sommer nicht zu sehen bekomme, hat mich sehr enttäuscht. Ich bin ja nicht mehr so jung, und es kann alles passieren. Du hast mir die Hoffnung geschenkt, Dich zu sehen, und nun sei so lieb und nimm mir sie nicht weg. Denk Dir was aus und komm!

Ich hatte kein gutes Gewissen. Zuerst hatte ich ihr Hoffnung gemacht, und nun hatte ich sie zu vertrösten versucht. Ich hätte sie ja auch sehr, sehr gern wiedergesehen, aber mit welchen Umständen eine solche Reise verbunden war, mit welchen Unberechenbarkeiten! Der Brief Annas enthielt auch noch eine andere Passage, die mir naheging und mein Gewissen belastete:

Ich kann Dir nicht einmal ein winziges Paketchen schicken. An Rente bekomme ich eine Million. So wie der Stand der Dinge heute ist, brauche ich für das Alltägliche im Monat zwei Millionen. Für meine Rente kann ich zwei Kilogramm Wurst oder fünfzehn Kilogramm Zucker kaufen. Die allerbilligsten Schuhe kosten eine Million sechshunderttausend. Die Kleider sind auch sehr teuer. Das Leben ist sehr schwer...

Es blieb mir keine andere Wahl: Ich mußte zu ihr fahren!

Augen zu und durch – das war in solchen Lagen

schon oft mein Motto gewesen. In den nächsten Tagen setzte ich mich noch einmal mit verschiedenen Reisebüros in den umliegenden Städten in Verbindung und versuchte herauszubekommen, welches von ihnen die größte Erfahrung aufweisen konnte, was die GUS-Länder betraf. Ich wählte eines aus, und schon war ein Formular für einen Visa-Antrag an mich unterwegs, schon konnte ich mit einigen etwas günstigeren Zugverbindungen planen, wenigstens für die Hinfahrt.

Eine mühsame Angelegenheit. Aber ich merkte bald, wie die Angst vor dieser Reise in Abenteuerlust umschlug. Grundsätzlich hatte ich noch nie etwas gegen Abenteuer einzuwenden gehabt. Es würde eine Reise werden – da war ich mir sicher –, die viel Erzählstoff liefern würde. Ich konnte einen falschen Zug besteigen, konnte einen Zuganschluß verpassen, konnte aus was für Gründen auch immer mit der Zollbehörde oder der Polizei in Konflikt kommen, konnte bestohlen, ja ausgeraubt werden. Aber die Ukraine lag nicht außerhalb der Welt. Auch dort träfe ich auf hilfsbereite Menschen.

Sobald feststand, wann ich in der 45 Kilometer von Annas Dorf entfernten, im Südosten von Richtiči liegenden Stadt Stryj ankommen würde, schrieb ich Anna. Die Ankunftszeit war zwei Minuten vor drei Uhr nachmittags am Montag, dem 24. Juli.

Ich ließ Anna wissen, daß ich – falls ich niemanden von ihrer Familie auf dem Bahnhof von Stryj anträfe – versuchen würde, mit einem Zug von dort nach Drogobyč zu kommen, mit dem nächstbesten eben. Und für die letzten sieben Kilometer von der Stadt ins Dorf fände ich vielleicht einen Bus oder ein Taxi.

Diesen Brief, ins Russische übersetzt, fotokopierte ich, schickte ihn ab und ließ seine Kopie drei Tage später folgen. Ich wollte sicher sein, daß Anna die Ankündigung meiner Ankunft erhielt.

Ende Juni fuhr ich für eine knappe Woche nach Tschechien und besuchte auf dieser Reise, die schon lange geplant gewesen war, auch die Rosinkawiese. Dort mußte ich viel an Anna denken. Ich sah sie in ihre Kammer gehen, sah sie im Garten arbeiten, sah sie sonntags mit weißem Kopftuch ins Dorf zu Anna Baisa gehen, obwohl es den alten Feldweg längst nicht mehr gab. Ich sah sie in der Küche hantieren, sah sie allein am Küchentisch essen. Und ich schaute in den Stall, in dem sie unsere Ziegen gemolken hatte.

Für diese Reise hatte ich meinen Paß noch gebraucht. Erst nach meiner Rückkehr aus Tschechien konnte ich ihn über das Reisebüro an das ukrainische Konsulat einschicken. Ich hielt den Atem an, ob die Zeit bis zum 22. Juli reichen würde. Am 23. wollte, nein, mußte ich abfahren. Kam das Visum nicht rechtzeitig, brach das ganze aufeinander abgestimmte Kartenhaus zusammen: die bereits bezahlten Hotelübernachtungen (die ich gar nicht in Anspruch zu nehmen gedachte), die Bahnfahrkarten mit den Schlafwagenreservierungen, die Vorbereitungen, die Anna sicher schon hatte anlaufen lassen – alles, alles würde umsonst gewesen und nicht mehr stornierbar, nicht mehr ungeschehen zu machen sein, sich nicht einmal für ein paar Tage verschieben lassen. Denn das Visum galt nur vom 22. bis zum 26. Juli, und im August hatte ich schon wieder andere wichtige Verpflichtungen.

Und Anna hätte wieder vergeblich gehofft ...

Am 21. Juli traf der Paß mit dem Visum ein, nachdem ich über das Reisebüro noch schnell eine Expreß-Bearbeitung – gegen deutlich höhere Gebühr – veranlaßt hatte.

Die Reise würde also doch noch stattfinden. Ich atmete auf.

Wiedersehen mit Anna

Am 23. Juli, einem Sonntag, fuhr ich nach Frankfurt. Ich trug unauffällige Kleidung, und meine Reisetaschen sahen vielgebraucht und abgenutzt aus: Tarnung, die man mir dringend empfohlen hatte. Jetzt, in der Rückschau, bin ich mir sicher, daß in der Ukraine trotzdem so gut wie jeder in mir eine ausländische Touristin erkannt hatte – eine aus dem westlichen Ausland!

Pünktlich fand ich mich im Hauptbahnhof auf dem Bahnsteig ein, von dem der Zug nach Prag abfahren sollte. Wer sich nicht als pünktlich erwies, war ebendieser D-Zug. Der Lautsprecher informierte die Wartenden: Wegen eines technischen Schadens an der Lokomotive seien leider eineinhalb Stunden Verspätung nicht zu vermeiden.

Es wurden fast zwei Stunden daraus. Allmählich wurde ich unruhig. Was, wenn ich meinen Anschlußzug in Prag nicht mehr bekam?

Schließlich erschien der Zug. Ich hatte mir die Reise nach Prag so schön vorgestellt, als mehrstündige Verschnaufpause vor dem Neuen, dem Unberechenbaren, dem Abenteuer: dösend, lesend, die schöne und abwechslungsreiche Landschaft genießend, die an mir vorüberzog. Nun aber registrierte ich jeden Aufenthalt, ja jede Verlangsamung der Geschwindigkeit nervös. Würde ich in Prag den Anschluß noch erreichen? Ich hätte in der Hauptstadt Tschechiens, wäre alles planmäßig verlaufen, zwei Stunden und sechsundzwanzig Minuten Aufenthalt gehabt. Zeit für einen Stadtbummel. Darauf hatte ich mich gefreut. Ich liebe diese Stadt.

Ich schaffte es. Mir blieben vierundzwanzig Minuten zum Geldwechseln und Umsteigen. Als ich endlich in meinem Schlafwagenabteil des D-Zugs Prag–Moskau saß, atmete ich auf.

Diesmal fuhr der Zug pünktlich ab. Er fuhr durch eine Stadtszenerie, auf der die Abendsonne lag. Solange ich noch etwas sehen konnte, schaute ich hinaus. Die Landschaft bot auf dieser Strecke keine Besonderheiten: Hügel, Felder, Bäche und Flüsse. Der Anblick der tschechischen Dörfer war mir vertraut. Ich hatte meine Kindheit ja in der Tschechoslowakei verbracht.

Schlafend durchquerte ich Ost-Tschechien und die Slowakei. Nur an der Grenze wurde an die Kabinentür gepocht. Die unvermeidlichen Formalitäten zwischen den beiden Ländern wurden sehr höflich und rücksichtsvoll abgewickelt, dann konnte ich ungestört weiterschlafen.

Sobald die Sonne aufging, saß ich wieder am Fenster. Ich wollte möglichst viele Eindrücke von der Landschaft sammeln, die ich durchreiste. Der Zug bewegte sich auf ein Gebirge zu. Das mußten die Karpaten sein, die sich in nordwestlich-südöstlicher Richtung an der slowakischen Grenze hinziehen.

Es war ein heißer, sonniger Tag. Der Zug passierte die ukrainische Grenze und erreichte Čop, ein Städtchen südlich von Užgorod. Hier sollte er eineinhalb Stunden Aufenthalt haben, wie ich aus den Unterlagen des Reisebüros ersah. Außerdem las ich den Hinweis darauf, daß die Ukraine seinen westlichen Nachbarländern um eine Stunde voraus war. Ich stellte meine Uhr eine Stunde vor.

Dieser Grenzbahnhof Čop bot dem Auge nichts als zahlreiche Schienenstränge und ein einsam liegendes, mindestens hundert Jahre altes, ziemlich vergammelt wirkendes Bahnhofsgebäude mit ein paar Schuppen und Lagerhallen. Vom Ort selbst sah ich nichts.

Nachdem mir der freundliche Schlafwagenschaffner bestätigt hatte, daß meine neue Uhrzeit wie auch die Aufenthaltsdauer stimmte, stieg ich aus, um in der Station Geld zu wechseln. Aber noch bevor ich eine Reihe von Gleisen überquert und den Eingang zur Bahnhofshalle erreicht hatte, fuhr der Zug ab. Mein Zug! Ich sah ihn in der Ferne verschwinden.

Da stand ich. Noch nicht einmal einen Mantel hatte ich bei mir. Nur meine Handtasche.

Ich muß einen ziemlich bestürzten Eindruck gemacht haben. Irgendwo hörte ich Gelächter. Ein älterer Mann trat auf mich zu und erklärte mir mit vielen Gesten, daß der Zug wieder zurückkommen werde. Hier in der Ukraine gebe es eine andere Spurenbreite. Der Zug müsse rangieren.

Eine tröstliche Information. Ich betrat also das Gebäude. Die Halle beeindruckte. Beim Bau dieses Gebäudes schien man nicht gespart zu haben. Vor allem hatte man sich bemüht, in ihm die Staatsmacht zu repräsentieren. Ein paar Fahrkartenschalter, zwei Bankschalter, ein Kiosk mit Getränke- und Zigarettenangeboten bescheidenster Art, ein karger Blumenladen, ein Toilettenhinweis, eine kaum ins Auge fallende Tafel mit den Ankunft- und Abfahrtzeiten der wenigen Züge, die hier durchkamen – das war so ziemlich alles, was es in dieser Halle zu sehen gab. Vor dem einen Bankschalter wartete eine lange Schlange, der andere war frei. Also wählte ich diesen. Aber die Dame hinter dem Glas telefonierte. Nach ihrem Gelächter und ihren Gesten zu urteilen, handelte es sich um ein Privatgespräch. Nach einer Weile gab sie mir mit einer Handbewegung zu verstehen, ich solle woanders hingehen.

Ich wandte mich an eine Polizistin. Sie verstand, was ich wollte, und führte mich aus der Halle hinaus, hinüber zu einem schuppenartigen Nebengebäude. Dort gab es auch einen Bankschalter.

Eine etwas mürrische junge Frau wechselte meine sechshundert Mark. Ich hatte Mühe, die Mengen des ukrainischen Papiergelds, in Päckchen gebündelt, in meiner Handtasche unterzubringen. Einer Mark entsprachen 106 000 Koupons!

Als ich den Schuppen verließ, sah ich im Hintergrund den Zug einfahren. Der Schaffner lehnte sich aus einem Fenster und winkte mir freundlich zu. Erleichtert strebte ich ihm entgegen. Aber der Zug verlangsamte seine Geschwindigkeit nicht, sondern verließ nun den Bahnhof in entgegengesetzter Richtung.

Dieses Vergnügen wurde mir im Lauf der nächsten Stunde noch mehrmals zuteil: Der Zug tauchte auf, zog an meinem sehnsüchtigen Blick vorbei und entfernte sich wieder.

So stand ich in der zunehmenden Vormittagswärme ziemlich verunsichert vor dem Bahnhofsgebäude und wagte nicht einmal, auf die Toilette zu gehen, denn auf deren Tür stand groß der Preis: 60 000! Gewiß, das waren sicher nicht mehr als sechzig oder siebzig deutsche Pfennige. Aber sollte ich auf dem Klo so ein Geldbündel aus der Tasche ziehen? Sollte ich ausgerechnet an diesem Ort damit beginnen, mich mit dem ukrainischen Geld vertraut zu machen?

Endlich fuhr »mein« Zug vor, konnte ich einsteigen und erfuhr von »meinem« Schaffner, der Zug habe in diesen eineinhalb Stunden nicht nur die

Spurenbreite gewechselt, sondern irgendwo außerhalb des Bahnhofs jeden Waggon mit frischem Wasser betankt. Das sei immer eine überaus umständliche Prozedur.

Während der Weiterfahrt blieb ich am Fenster. Wenn ich mich hinausbeugte und meinen Blick am Zug entlanggleiten ließ, sah ich, daß auch viele andere Passagiere höchst interessiert aus den Fenstern schauten. Denn jetzt durchquerten wir die Karpaten. Uns boten sich die schönsten Gebirgslandschaften dar. Durch malerische Täler mit wildschäumenden Bächen schraubte sich der Zug über kurvenreiche Strecken hinauf, überquerte kahle Höhen und kroch in mäßigem Tempo wieder talwärts.

Wir sahen viel Wald, riesige Heuschober, Kuhherden, Dörfer mit auffallend vielen Neubauten, die sich zum größten Teil noch im Rohbauzustand befanden. Es waren meist quadratische Häuser mit flachen Pyramidendächern. In diesem Land wurde also viel gebaut. Ein gutes Zeichen.

Mich entzückten die meist unkrautdurchwucherten Bauerngärten, in denen mir vor allem die rotblühenden Stangenbohnen auffielen. Ganze Bohnenfelder zogen vorüber. Bohnen – ein ukrainisches Volksnahrungsmittel? Aber wo waren die Sonnenblumenfelder, von denen unsere Soldaten während des Rußlandfeldzugs so viel erzählt hatten?

Die Ortsnamen an den Bahnhöfen der kleinen Städte konnte ich nicht lesen. Nur mit Hilfe meiner Landkarte, in der die Namen der größeren Stationen in der kyrillischen wie auch in der lateinischen Schrift angegeben waren, konnte ich mich orientieren.

Kinder winkten vom Bahndamm herauf. Ein kleiner Ziegenhirt zeigte den Stinkefinger. Einmal, als wir auf freier Strecke hielten, liefen ein paar Kinder am Zug entlang und bettelten. Irgendwo – hoch oben auf einem Paß – sichtete ich auch Soldaten mit umgehängten Gewehren. Offensichtlich bewachten sie Gebäude.

Nun ging es in die Ebene hinunter. Weit vorn, in der diesigen Ferne, mußte L'vov liegen, das ehemalige Lemberg, Hauptstadt der früheren österreichisch-ungarischen Provinz Galizien. Die Hitze waberte über den Feldern.

Kurz vor drei Uhr nachmittags erreichte der Zug eine größere Stadt mit vielen Industrieanlagen. Das mußte Stryj sein, die Endstation der Hinreise. Sicherheitshalber fragte ich den Schaffner, der sich nicht nur freundlich, sondern sogar überaus beflissen zeigte, seit ich ihm ein kleines Trinkgeld zugesteckt hatte. Er bestätigte meine Vermutung. Ich stieg aus.

Ob mich Anna hier erwartete? Wie oft hatte ich mir den Augenblick des Wiedersehens ausgemalt! Auch hier gab es keine Bahnsteige, nur geschotterte Streifen zwischen den Gleisen, keine Über- oder Unterführung zum Bahnhofsgebäude. Um es sehen und erreichen zu können, mußte ich warten, bis der Zug, den ich eben verlassen hatte, weiterfahren würde.

Aber noch stand er. Und nun fuhr hinter meinem Rücken ein anderer Zug ein und hielt. Wie ich von neben mir wartenden Leuten erfuhr, war sein Ziel Drogobyč. Ihn mußte ich nehmen, falls niemand von Annas Leuten hier auf dem Bahnhof war, um mich abzuholen.

»Schnell einsteigen!« machten mir die Leute neben mir mit Gesten verständlich. »Dieser Zug wartet nicht lange!«

Aber ich wußte ja noch gar nicht, ob es für mich nötig sein würde, mit dem Zug nach Drogobyč weiterzufahren!

Offensichtlich war es denen, die hier Ankommende erwarteten, nicht erlaubt, sich vor der Ankunft der Züge zwischen die Geleise zu begeben. Ich konnte doch jetzt nicht einfach fortfahren! Andererseits – wenn niemand von Annas Familie hierhergekommen war, mußte ich vielleicht Stunden auf den nächsten Zug nach Drogobyč warten, wenn ich diesen hier nicht nahm ...

Da setzte sich der Moskauer Zug in Bewegung, verschwand und gab den Blick frei auf das Bahnhofsgebäude. Dort wartete eine Menschenmenge, die herüberstarrte und jetzt in Bewegung geriet.

Aus ihr lösten sich zwei blonde junge Männer und kamen auf mich zugelaufen, hübsche Burschen beide. Ich traute meinen Augen nicht: Der eine schwenkte ein Foto von mir, der andere mein Buch ›Rosinkawiese‹, das ich Anna im vergangenen Jahr geschickt hatte. Ich hob lachend die Hand. Und schon nahmen sie mir mein Gepäck ab.

»Wo ist Anna?« rief ich.

Sie zeigten auf eine rundliche alte Frau, die in Kopftuch, ausgetretenen Schuhen und einem billigen Kleid etwas verloren mitten im Getriebe und Gehaste der Ankommenden und Abfahrenden stand und angestrengt blinzelte.

Anna – fünfzig Jahre älter. R.s Fotos hatten mir ja schon gezeigt, wie sie jetzt aussah. Ich hatte in ihrem runzeligen Gesicht sofort die Zwanzigjährige von damals wiedererkannt. Jene Fotos hatten mich keineswegs geschockt. Auf diesem Bahnhof hatte ich eine alte Frau erwartet.

Aber auch ich war ja nicht mehr siebzehn. Hatte sich Anna klargemacht, daß sie Besuch von einer Frau bekommen würde, die mit dem halben Kind, das sie damals gewesen war, kaum noch mehr gemeinsam hatte als den Namen und die Erinnerungen?

»Anna!« rief ich. Und dann lagen wir uns in den Armen.

Wiedersehen nach fünfzig Jahren

Ein halber Tag in Richtiči

Vor dem Bahnhof wartete ein alter Moskvitsch. Er gehörte Tarras, dem einen der beiden jungen Verwandten Annas. Tarras konnte ein paar Worte Deutsch. Er hatte einen Teil seines Militärdienstes in Ostdeutschland abgeleistet und war erst gegen Ende des letzten Jahres heimgekommen. Wir erfuhren, daß er – wie seine Kameraden auch – so gut wie keinen Kontakt mit Deutschen gehabt hatte. Der andere junge Mann war Igor, Annas Enkel.

Wir fuhren die vierzig Kilometer hinüber nach Drogobyč. Bis dorthin war die Straße leidlich. Staubbedeckte Mais- und Kartoffelfelder zogen sich an ihr entlang. Störche flatterten auf.

Anna mußte zweimal aussteigen, weil ihr schlecht geworden war. Sie war ja das Autofahren nicht gewöhnt. Die Aufregung, die Spannung, die sich nun löste, mag wohl auch daran schuld gewesen sein, daß ihr Magen streikte.

Wir durchquerten Drogobyč, laut Lexikon eine Industriestadt mit siebzig- bis achtzigtausend Einwohnern. Ich sah aber nur Mietskasernen, also Plattenbauten, wie sie für die Nachkriegsviertel aller osteuropäischen Städte typisch sind. Die alte Innenstadt bekam ich nicht zu sehen. Vielleicht nahm ich aber auch manches nicht wahr. Meine Gedanken waren jetzt auf Anna gerichtet.

Die Straße von Drogobyč bis zum Dorf Richtiči war atemberaubend holprig. Tarras mußte tiefe Schlaglöcher umfahren. Wir wurden durch- und durchgeschüttelt. Endlich erreichten wir das Dorf, fuhren an einem Bach entlang, Anna deutete auf ein Haus im Grünen, wir waren da.

Annas Leute kamen mir entgegengelaufen: Annas Tochter Swetlana, 42, der dazugehörige Schwiegersohn Michail, der 15jährige Enkel Igor (Anna hat zwei Igor-Enkel!), und die Enkelin Hala, 22, mit ihrer zehn Monate alten Tochter Maritschka, Annas Urenkelin. Große Freude, Küsse und Umarmungen.

Und dann mußte ich erst einmal essen. Obwohl es schon Kaffeezeit war, wurde mir ein überreichliches Mittagessen aufgetischt: Suppe, Kartoffeln mit Schnitzeln, Salat. Als Nachtisch Bonbons. Mir war bewußt, daß Fleisch hier teuer war. Trotzdem wurde ich immer wieder genötigt.

Ich bin Vegetarierin. Hier in Deutschland wie auch in anderen mitteleuropäischen Ländern bekenne ich mich mit Selbstverständlichkeit zu dieser Lebensweise, und sie wird mit Selbstverständlichkeit respektiert. Vielleicht ist Vegetarismus auch in den großen Städten der Ukraine bereits ein

Begriff. Dort aber, auf dem Land, in dem Dorf Richtiči, wäre mein Verhalten auf Unverständnis gestoßen, wenn ich mich geweigert hätte, das teuer erstandene und liebevoll zubereitete Fleisch zu essen. Möglicherweise hätte ich meine Gastgeber sogar gekränkt. Mir blieb also gar nichts anderes übrig, als mich während der eineinhalb Besuchstage in eine ganz normale Fleischesserin zu verwandeln. Damit hatte ich Mühe. Denn ich hatte ja schon jahrelang kein Fleisch mehr gegessen.

Auch mit Hochprozentigem wurde nicht gespart. Ich mußte energisch protestieren, wenn ich nach dem Essen nicht schwanken wollte.

Annas Bruder Josef erschien: der Mann, mit dem Bazyli Pec in seiner Jugend im Karpatendorf Grab befreundet gewesen war und dessen Adresse er uns in Grab gegeben hatte. Ein schmächtiger, ziemlich abgearbeiteter, gebeugt dahinschlurfender, verschmitzt grinsender alter Mann, dem Anna etwas ruppig begegnete. Mir schien, sie behandelte ihn noch immer wie einen Halbwüchsigen. Was er sagte, verstand ich meistens nicht. Aber oft wischte Anna seinen Gesprächsbeitrag einfach mit einer abschätzigen Handbewegung weg.

Ja, Anna führte Regie. Ich gewann den Eindruck, daß sie die ganze Großfamilie unter ihrer Fuchtel hatte. War das noch das unterwürfige Mädchen Anna von damals, das sich niemals gewehrt und Vorwürfe stumm ertragen hatte? Das allen Anweisungen unserer Mutter gehorsam nachgekommen war, ohne jemals aufzumucken? Auch Annas zweite Tochter Maria, die Witwe, erschien mit ihren beiden Söhnen: Igor – den ich schon kannte – und Roman. Sie wohnte am anderen Ende des großen Dorfes.

Die kleine Stube füllte sich. Alle aßen mit. Im Mittelpunkt stand – neben mir – die kleine Maritschka. Mir wurde immer wieder berichtet, was für Fortschritte sie machte und was sie schon alles konnte! Die Freude über die Gesundheit dieses Kindes hatte, wie ich erfuhr, einen besonderen Grund: Maritschkas Vater, der junge Ehemann von Hala – er arbeitete gerade irgendwo in Rußland –, hatte mit seinen Eltern bis einen Tag nach der Reaktorkatastrophe in oder bei Tschernobyl gewohnt. Damals war er fünfzehn Jahre alt gewesen.

Nein, sein Kind war nicht mit Erbschäden behaftet, es war ein hübsches, wenn auch noch kahlköpfiges kleines Mädchen, das schon die ersten Worte nachsprach und sicher bald würde laufen können. Liebevoll wurde sie von allen umsorgt und wanderte von Arm zu Arm. Auch die jungen Männer genierten sich nicht, sie zu drücken und zu küssen.

Die Gäste verabschiedeten sich. Zum Abendessen des kommenden Tages wurde ich in Marias Haus eingeladen.

Anna und ihre Familie (von links): Roman, Marika, Igor der Ältere, Gudrun Pausewang, Maritschka, Michail, Anna, Igor der Jüngere, Hala, Swetlana

Ich wollte mir die Hände waschen. Eine Wasserleitung gab es nicht im Haus. Mit Bechern wurde mir im Hof neben dem Ziehbrunnen warmes Wasser über die Hände gegossen. Mir zu Ehren stand an diesem Tag im Vorhaus eine Waschschüssel, daneben lag ein nagelneues Stück Toilettenseife. Ich vermutete, daß sich die Familie für ihre Reinigung während des Alltags mit Kernseife begnügte.

Nun wurde ich durch das Anwesen geführt. Das Haus hatten, wie ich schon wußte, Anna und ihr Mann erbaut. Ich bekam nicht alle Räume zu sehen und erfuhr auch nicht, ob sich auf dem Dachboden Zimmer oder Kammern befanden. Jedenfalls leben vier Generationen in diesem Haus. Anna schläft auf dem Sofa neben dem Eßtisch.

Zum Haus gehört ein Hofplatz, eingerahmt von einem Stallgebäude für Kuh, Schwein, Hühner und Enten, einer Waschküche, in die Wasser aus dem Brunnen gepumpt werden kann, einer Hundehütte, in der eine nicht ganz rassereine Schäferhündin mit ihrem zwei Monate alten Sohn Rex haust, einem Holzschuppen und einer Werkstatt für den Schwiegersohn Michail, der Schlosser ist. Zwischen Kuhstall und Hundehütte ist das Plumpsklo geklemmt, ausgestattet mit kleingeschnittenem Zeitungspapier in handlichem Format. Für mich, den Gast, hing eine Rolle Toilettenpapier bereit.

In einer dieser Räumlichkeiten mußten auch die beiden Katzen einen Platz haben, die mir um die Beine strichen.

Ich schlenderte durch den Vorgarten, der zwischen dem Haus und dem am Bach entlangführenden Weg liegt. Rosen, Malven, Astern blühten. Ich erkannte zwischen dem Unkraut auch Maiglöckchenstauden. Ein richtiger bunter Bauerngarten, in dem ich auch Blumensorten fand, die im Garten der Rosinkawiese geblüht hatten. Dahlien und Ringelblumen zum Beispiel. Und Löwenmäulchen.

Anna führte mich auch hinter das Haus in den

Obstgarten. Da standen Apfel-, Pflaumen- und Birnbäume. Unter einem der Apfelbäume lagen zahllose Falläpfel, kleine unansehnliche Früchte. Anna hob einige auf und reichte sie mir. Ich steckte sie ein.

Den Obstgarten durchquerte ein Graben. Durch ihn floß die Jauche aus Stall und Klo in den Bach ab, dessen Wasser kein starkes Gefälle zeigte. In kleinen Buchten bedeckten Algen die Oberfläche. Am Ufer sah ich Angler sitzen. Die Fische aus diesem Gewässer, so erfuhr ich, seien klein, aber lecker.

An einem riesigen, von einem Militär-Tarnnetz geschützten Heuhaufen vorbei wurde ich zum Gemüsegarten geführt. Hier zogen die drei Frauen Lauch, Bohnen, Mohn, Kürbisse, auch Gurken und viele Tomaten. Alles war verunkrautet. Offensichtlich gehört es in dieser Gegend Europas nicht zur Pflicht einer Hausfrau, die etwas auf sich hält, makellos »saubere« Beete zu präsentieren. Was wachsen soll, wächst auch so.

Hinter den Stangenbohnen erhob sich der Neubau, den schon R.s Bericht erwähnt hatte. Ich erkannte an den verschiedenen Materialien, aus denen die Mauern bestanden, und an der unterschiedlichen Art zu mauern, wie viele verschiedene Ziegelarten aus verschiedenen Quellen zusammengetragen worden waren und wie viele Hobby- und Berufsmaurer sich an dieser Baustelle betätigt haben mußten. Wieviel Mühe mag so ein

Haus kosten, das nur an Wochenenden oder im Urlaub entsteht!

Dies war also so ein quadratischer Rohbau, wie er mir auf der Herfahrt in zahllosen Varianten begegnet war. Anna hatte mir erzählt, daß seit fünfzehn Jahren an ihm gebaut wurde. Aber seit dem Tod ihres Mannes sei man nicht mehr so schnell vorangekommen. Wahrscheinlich würde das Haus – das war meine Vermutung – auch in weiteren fünfzehn Jahren noch nicht fertig sein. Diese vielen Rohbauten im Land – allein in Richtiči sah ich ein paar Dutzend davon – waren also kein Zeichen für einen Aufwärtstrend. Aber sie ließen sich werten als Symbole für Fleiß und unerschütterliche Hoffnung allen wirtschaftlichen Miseren zum Trotz.

Anna geriet ins Schwärmen. Sie versuchte sich mir mit Gesten und Mimik verständlich zu machen: Das Haus solle größer werden als das alte. Und es solle ein schönes großes Treppenhaus und eine Garage bekommen. Und ein Badezimmer, vielleicht auch zwei!

Der Brunnen neben dem Rohbau war schon fertig. Man zeigte ihn mir stolz. Ein Haus ohne Brunnen war hier wohl nicht vorstellbar.

Igor der Jüngere soll einmal dieses Haus bekommen.

Swetlana hatte in der Schule ein bißchen Deutsch gelernt. Sie kannte einige deutsche Vokabeln und

Annas Haus

Redewendungen. Anna versuchte ebenfalls, ihre vor fünfzig Jahren guten Deutschkenntnisse wieder ins Bewußtsein zu holen. Wie viele Male hörte ich während meines Aufenthalts ihre Beschwörungsformel: »Biite essen – biite trinken!« Mit Wörterbuch, Gesten und einigen Worten konnten wir uns verständigen. Deutsche Zahlen beherrschten beide Frauen erstaunlich gut.

Anna erzählte während der Besichtigung des Anwesens viel von der Rosinkawiesenzeit. Offensichtlich hat sie sehr zärtliche Erinnerungen. Ihren Töchtern schien sie viel von unserer deutschen Art zu leben berichtet zu haben, als sie noch Kinder gewesen waren. Swetlana nickte oft zu ihren Erzählungen.

Ab und zu bückte sich Anna, als wir wieder den Obstgarten durchquerten, hob Falläpfel auf und reichte sie mir wie eine Delikatesse. Hier wurde Falläpfeln noch ein Wert zubemessen. Ich konnte mich nicht mehr länger vor ihrem Genuß drücken und aß mit gemischten Gefühlen. Sie waren nicht gewaschen, und der Abwassergraben stank. Aber sie schmeckten gut, ihr Aroma war würzig.

Wir schlenderten zurück ins Haus, und ich teilte meine »Mitbringsel« aus. Diese Bescherung traf Anna und ihre Familie nicht unvorbereitet. Das gehört zum Ritual: Wer auf Besuch kommt, bringt Geschenke mit. Und ich kam aus dem »reichen« Westen. Man war sicher gespannt. Die Freude war groß. Vor allem Igor der Jüngere war entzückt über den Fußball. Annas Konfektionsgröße hatte ich allerdings – trotz R.s Fotos – etwas unterschätzt. Eine Anzahl deutscher Banknoten und einen Pakken ukrainischen Papiergeldes steckte ich Anna zu, als ich mit ihr allein im Raum war. Sie sollte frei über dieses Geld verfügen können. Wobei mir klar war, daß ich damit nicht das Unrecht wiedergutmachen konnte, das Anna angetan worden war.

Es zeigte sich, daß auch für mich schon üppige Geschenke bereitlagen: für jeden von uns sechs Pausewangs ein Lackkästchen mit Schnitz-Ornamenten. Dazu kamen sechs große Löffel aus Birkenholz, geschnitzt von Annas Mann, der ja schon lange tot war. Anna hatte auch an meinen Sohn gedacht: Ihm sollte ich ein Messer mitnehmen, das Annas Schwiegersohn in seiner Werkstatt hergestellt hatte.

Svetlana wurde von Rührung und spontaner Zuneigung so übermannt, daß sie noch eine große, orangerot gefärbte Kerze aus ihrer Vitrine kramte, die mindestens zwei Pfund schwer war und die Form einer Petroleumlampe besaß.

Das Abendessen brachte mich fast um. Ich war ja noch so satt. Nudeln und Gulasch. Danach zog sich die Familie taktvoll zurück. Anna sollte Gelegenheit bekommen, ungestört mit mir Erinnerungen auszutauschen.

Sie hatte noch ein paar alte Fotos von der Rosinkawiese. Möglicherweise hatte Mutter sie ihr damals mit dem Auftrag gegeben, sie heimzuschikken, damit sich ihre Eltern ein Bild machen konnten von dort, wo sie jetzt lebte.

Auch ich hatte Fotos mitgebracht: von meinen Geschwistern, deren Kindern, den Orten, in denen wir wohnten. Aber es waren auch ein paar Fotos von damals dabei, die ich doppelt besaß, Fotos vom Leben auf der Rosinkawiese vor fünfzig Jahren.

Es war erstaunlich zu beobachten, wie Annas Deutschkenntnisse sich zusehends besserten. Anna war mit den Jahren zwar fülliger und damit ungelenker und kurzatmig geworden, und sie litt nun an Arthrose. Aber ihren Verstand hatte sie noch ganz beieinander. Den Wert der Summe des ukrainischen Geldes, das ich ihr mitgebracht hatte, erkannte sie durchaus. Sie konnte mir die Schwierigkeiten des gegenwärtigen Lebens in der Ukraine schildern. Und sie erzählte mir von einem Vorkommnis auf der Rosinkawiese, von dem wir Kinder nie etwas erfahren hatten: Sie habe einmal im Jahr 1942 oder 1943 einen Brief von daheim bekommen, darin habe ihre Mutter ihr mitgeteilt, daß alle jüdischen Einwohner Grabs in einer plötzlichen Polizeiaktion fortgeschafft worden seien. Alle. Männer, Frauen und Kinder. Und niemand von ihnen sei wiedergekommen.

Über diese Nachricht habe sie sehr geweint, denn unter den Deportierten seien auch viele gute Freunde ihrer Familie und ehemalige Mitschüler gewesen.

Unsere Mutter habe ihre Traurigkeit gemerkt und nach deren Ursache gefragt. Darauf habe Anna ihr vom Inhalt des Briefes erzählt. Und da habe ihr Mutter über den Kopf gestrichen und sie getröstet. Das habe sie, Anna, sehr gerührt. Und sie sei unserer Mutter dankbar gewesen.

Uns Kindern hatte Mutter nie etwas von dieser Judenaktion erzählt. Aus gutem Grund. Sie hatte sicher geahnt, daß die jüdischen Einwohner Grabs nie in ihr und Annas Dorf zurückkehren würden. Sie hatte davon ausgehen können, daß sie nicht mehr lebten.

Ein wahrlich düsterer Hintergrund für die Rosinkawiesen-Idylle! Ich wurde schweigsam. Noch eine herzliche Umarmung, dann ging ich schlafen.

Was mag unserer Mutter durch den Kopf gegangen sein, während sie Anna tröstete? Sie hatte – im Gegensatz zu Anna – nie jüdische Freunde besessen. Aber sie hatte sich in Anna hineinversetzen können, die um jüdische Nachbarn, Schulkameraden, Freunde trauerte. War dieser intelligenten und durchaus kritischen Frau dabei bewußt geworden, daß sie der Nation angehörte, die solche brutalen Aktionen zu verantworten hatte, und daß sie den Diktator unterstützte, dessen Ziel es war, das jüdische Volk zu vernichten?

Ja, sie hatte guten Grund gehabt, uns Kindern das, was ihr Anna erzählt hatte, zu verschweigen. Kindermitleid richtet sich nicht nach den Anweisungen von Diktatoren und politischen Funktionären. Wir hätten Annas Jammer spontan nachempfunden.

Hala hatte mir das Zimmer überlassen, in dem sie mit ihrem Ehemann und ihrer kleinen Tochter wohnte. Es war ein großer, heller Raum gleich neben dem viel kleineren Aufenthalts- und Eßraum mit dem mächtigen Kachelofen. Hier schlief Anna.

Halas Zimmer war liebevoll ausgestattet: Blaue Schablonenmuster schmückten die Decke. An den Wänden hingen große, maschinengewebte Bildteppiche und allerlei Glitzersachen, dazwischen handkolorierte Familienfotos hinter kunstvoll drapierten kleinen Gardinen, die offensichtlich den Eindruck erwecken sollten, als schauten die abfotografierten Personen aus einem Fenster. Von den vielen Heiligenbildern blieben mir die von Jesus und Maria mit durchbohrten Herzen und himmelwärts gerichtetem Blick in Erinnerung.

Ein von den Traditionen her sicher stimmiges Arrangement, das ich, in leichten Abwandlungen, auch aus den Räumen meiner ostböhmischen, katholischen Großeltern kannte, wenn an der Tür von Halas Zimmer nicht ein großes, frechbuntes Freddy-Mercury-Poster geprangt hätte, das den ganzen Raum beherrschte und ihm seine Gute-Stuben-Feierlichkeit nahm. Im Eßraum, gleich neben Annas Bett und Stammplatz, hing übrigens auch ein Poster. Auf ihm präsentierte sich in erfrischender Unbekümmertheit die »Army of Lovers«.

Meine Matratze war eine Hügellandschaft. Aber das störte mich nicht. Im Lauf meines Lebens habe ich gelernt, überall schlafen zu können, unabhängig von der Art und Güte meiner Unterlage. Eines der beiden dicken Kopfkissen, auf denen ich – genauso wie Anna – halbsitzend schlafen sollte, legte ich auf einen Sessel ab. Auch das zweite Kissen landete dort. Anna hatte es mit mir zu gut gemeint.

In der Nacht – die Mondsichel stand am Himmel – wanderte ich durch Annas Zimmer, den Flur und über den Hof zum Plumpsklo. Mich rührte die Rolle Toilettenpapier. Ich ließ sie hängen für andere Besucher und hielt mich an das in DIN A5-Format geschnittene Zeitungspapier, das in einem sauberen Stapel auf dem Sitzbrett lag. In meiner Kindheit war ich auch nur an Zeitungspapier gewöhnt gewesen.

Der Hund schlug nicht an. Er hatte mich also schon als ein Mitglied der Familie akzeptiert. Auf dem Rückweg ins Haus wurde ich das fatale Gefühl nicht los, dauernd in Hühnerdreck zu treten.

Vor der Tür blieb ich eine Weile stehen, atmete den Duft frischen Heues ein und machte mir bewußt, daß ich in der Ukraine war, bei Anna, die ich jahrzehntelang gesucht hatte. Es war eine wunderbare, warme Sommernacht. Ich empfand Freude.

Und noch ein Tag bei Anna

Anna schlurfte in mein Zimmer, sobald sie am nächsten Morgen meine Schritte hörte, und begrüßte mich mit der Mitteilung, sie habe wenig geschlafen – vor Freude.

Zum Frühstück gab es Quarkpfannkuchen, Pellkartoffeln, in Fettsauce geschwenkt, und Weißbrot. Immer wieder wurde ich genötigt: »Biite essen – biite trinken!« Zuletzt konnte ich nur noch röcheln.

Aber schon begann das Tagesprogramm: Anna wollte mir ihr Dorf zeigen. Sie zog sich das Kleid an, das ich ihr mitgebracht hatte. Es war nicht gebügelt und für diesen Tag viel zu heiß und spannte ihr über der Brust. Aber sie ließ es sich nicht nehmen, mein Geschenk auf diese Weise gebührend zu ehren, auch wenn ihr unterwegs der Schweiß an den Wangen herablief und auf das Kleid tropfte.

Als wir das Haus verließen, zogen gerade die Kühe durchs Dorf. Auch Annas Kuh, von Igor aus dem Stall gelassen, schloß sich ihnen an. Ich erfuhr, daß jeweils eine Gruppe von Nachbarn das Austreiben und Hüten unter sich zu regeln pflegte. Es staubte.

Was für ein großes, weit ausgedehntes Dorf! Fast jedes Haus stand hinter Blumen in einem schattigen Obstgarten, und zwischen den Häusern breiteten sich Gemüsegärten aus. Bauernhöfe, so wie in unseren deutschen Dörfern, gab es hier nicht. Bis vor ein paar Jahren waren ja keine privaten Bauernwirtschaften erlaubt gewesen. Nur Kolchosen. Aber so gut wie jede Familie in Richtiči besaß eine Kuh, ein paar Schweine, auch Hühner, Enten und Gänse. Jedes Haus beherbergte also, was die Ernährung seiner Bewohner betraf, sozusagen eine Selbstversorgerei. Wir stiegen den Hügel hinauf, auf dem sich die katholische Kirche als Silhouette vom Himmel abhob. Die polnische Bevölkerung Richtičis hatte sie einst erbaut. Aber es gab hier jetzt fast keine Polen mehr. Sie waren ja nach Polen umgesiedelt worden. Hier war also nach dem Krieg das Gleiche wie in Grab geschehen, nur mit umgekehrten Vorzeichen: In die verlassenen Häuser hatte man Ukrainer aus Polen eingewiesen.

Und weit weg von hier, in Ostböhmen, waren Tschechen auf der verlassenen Rosinkawiese, meinem Elternhaus, ansässig geworden. Wie viele menschliche Tragödien mögen sich bei diesen Zwangsvölkerwanderungen abgespielt haben, hier wie dort und auch in tausend anderen Gegenden der Welt.

Nun erklommen wir den Hügel und sahen das

Dorf vor uns liegen. In einem Halbkreis hatte es sich um Gemeindeweiden, kleine Sümpfe und einen Teich, in dem Kinder badeten, malerisch angeordnet, durchädert von Wegen, Straßen und Bächen. Staubwolken wirbelten auf.

Störche und Wildenten kreisten über den Sümpfen. Eine Landstraße führte auf einem Damm durch die Niederungen. In der Ferne, auf L'vov zu, war alles eben. Dort im Diesigen strömte irgendwo der Dnjestr dahin. In ihn und seine Sümpfe mündeten alle Bäche Richtičis.

Anna, die noch immer von dem Aufstieg keuchte, führte mich auf den Friedhof hinter der Kirche und zeigte mir das Grab ihres Mannes. Wir jäteten es gemeinsam. Zum Vorschein kamen lauter Wachsblumen, deren Farben schon verblichen waren.

Dieser Friedhof wird mir unvergeßlich bleiben: eine einzige züngelnde Wildnis, eine Fülle von Kreuzen, einander ähnlich, alle umsponnen von blühendem Unkraut. Auf den Gräbern, zwischen den Gräbern überall Gewucher und Gerank. Hier holte sich die Natur die Toten zurück!

Nun wanderten wir den Kirchenhügel wieder hinunter. Überall gackernde Hühner, Gänsegeschnatter, kläffende Hunde. Und angefangene Neubauten an staubigen Wegen.

Ich versuchte, Anna zu fotografieren. Die lachte und streckte die Zunge heraus. Ja, so erinnerte sie

Blick vom Hügel auf einen Teil des Dorfes

mich an unsere Kinderzeit. Damals konnte sie sich, wenn unsere Mutter nicht dabei war, auch ausgelassen und spitzbübisch geben.

Sie zeigte mir die Häuser ihrer Verwandten. Hier wohnte ihr Bruder mit seinen Kindern, dort lebten die Geschwister ihrer Mutter, ihres Vaters, da die Kinder ihrer verstorbenen Schwester. Die hatte das Haus übernommen, in das sie, Anna, im Jahr 1946 mit ihren Eltern und Geschwistern eingewiesen worden war.

Ich wurde begafft. Es war offenbar nicht schwierig, mir anzusehen, daß ich von weit her kam. Aber ich war nicht irgendeine Ausländerin, sondern die Freundin von Anna. Die Leute grüßten freundlich. Anna genoß diese Aufmerksamkeit, grüßte zurück und gab Erklärungen ab. Ein Ukrainer rief uns aus einem Garten zu, er sei auch in Deutschland gewesen, in Jägerndorf. Aber Anna wollte offensichtlich kein Gespräch mit diesem Mann führen und lotste mich weiter, durch Staubwolken heimwärts.

Jägerndorf. Wie klein die Welt ist. In Freiwaldau bei Jägerndorf war ich zur Schule gegangen, als Anna zu uns gekommen war. Jägerndorf im Altvatergebirge. Mir war dieser Ort seit vielen Jahren aus der Erinnerung verschwunden!

Müde und verstaubt kamen wir heim. Das Mittagessen wartete schon auf uns: kleine, spätzleartige Teigtaschen, in denen ein geradezu winziges Stück Fleisch steckte. Eine sämige, rosafarbene Sauce wurde entweder darübergegossen oder dazu getrunken. Sie enthielt ein Gewürz, das mir gar nicht schmeckte. Und sie war so fett, so fett! Mir wird noch heute übel, wenn ich nur an sie denke. Aber damals aß ich davon, aus Höflichkeit.

Ich ruhte mich nach dieser Anstrengung eine Weile »zwecks Verdauung« in Halas Zimmer aus. Aber kaum gelang es mir, eine Viertelstunde zu schlafen, wurde ich schon wieder geweckt.

Kaffeezeit. Hala präsentierte eine selbstgebackene Torte. Ich bekam ungefragt ein Riesenstück vorgesetzt. Nein, es wurde mir während der Mahlzeiten nie selbst überlassen, wieviel ich essen wollte. Die Gastfreundschaft wurde in von mir nicht bewältigbaren Riesenportionen demonstriert. Schließlich holte ich mir einen leeren Teller und lud darauf ab, was ich nicht schaffen konnte. Das war ein Akt von Notwehr. Am liebsten hätte ich gar nichts mehr gegessen. Aber das wäre wirklich zu unhöflich gewesen. In der Torte knirschte der Zucker. Hala hatte sie mit so viel Liebe zubereitet...

Josef, Annas Bruder, saß wieder bei uns. Ich konnte mich kaum mit ihm verständigen. Aber er schien es zu genießen, auch dabei zu sein. Nur: Wenn er Anna ansprach, winkte sie ab, ließ ihn links liegen. Ich war die Hauptperson!

Ja, Anna ist im Haus die, die das Sagen hat, obwohl sie nicht mehr mitarbeitet, was die tägliche Hausarbeit betrifft. Es sind ja genug jüngere Leute da. Ihre Tochter, ihre Enkelin – alle müssen kommen, wenn sie ruft. Und sie tun es. Mit einem »Ä!« und einer entsprechenden Handbewegung teilt sie die Welt in Gutes und Böses, in Menschen, die sie mag, und in solche, die ihre Sympathie nicht genießen.

Anna. Eine dicke alte Frau mit schwieligen Händen und einem faltigen Gesicht, das die Züge der Sechzehnjährigen kaum mehr durchschimmern läßt. Ich ertappte mich bei dem Verdacht, sie alle die Jahre idealisiert zu haben. Eine Traum- und Symbolfigur. Das Opfer.

Das war sie geblieben. Aber sie hatte sich durch

diese Begegnung für mich in einen lebendigen Menschen verwandelt, in einen Menschen mit Licht- und Schattenseiten. Daran mußte ich mich erst gewöhnen.

Michail kam heim, Annas Schwiegersohn. Sie hatte ihn in ihren Briefen selten erwähnt. Ein ruhiger, sympathischer Mitvierziger, blond, schlank, immer mit irgendeiner Arbeit beschäftigt. Er zeigte mir seine kleine Werkstatt. Sein ganzer Stolz: eine Hobelmaschine.

Anna holte mich aus Michails Werkstatt. Wir mußten uns auf den Weg machen. Maria, ihre ältere Tochter, hatte uns ja zum Abendessen eingeladen: mich und die ganze Familie. Sie wohnte am anderen Ende des Dorfes, also in etwa drei Kilometer Entfernung. Es war eine richtige kleine Wanderung, die ich nach der üppigen Esserei als wohltuend empfand. Erst ging es über Trampelpfade zwischen Gärten, dann eine endlose Straße entlang, an deren beiden Seiten sich Häuser in Gärten aneinanderreihten. Hinter weiten Weideflächen und Sümpfen sah ich den Kirchhügel liegen.

Wir kamen an einem Konsum, einer Art Supermarkt vorbei, auch an Kindergarten und Schule. Swetlana sprach von fünfhundert Schülern. Ich erfuhr, daß auch Kinder aus Nachbardörfern diese Schule besuchten. Kinderreichtum ist, wie es schien, auch hier nicht mehr in Mode. Fast alle Familien in Annas Verwandtschaft und Bekannt-

In Annas Garten

schaft haben nicht mehr als zwei Kinder. Anna zeigte auf ein großes Gebäude: Hier werde mit deutschen Maschinen Spreu vom Getreide getrennt. Hier habe sie zwanzig Jahre lang gearbeitet. Seitdem habe sie Atembeschwerden. Kommen sie vom Herzen oder von der Lunge?

Auch Swetlana ist nicht so gesund, wie es den R.s und mir anfangs geschienen hatte. Jedesmal, wenn ein Windstoß Staub von der Straße aufwirbelte, mußte sie husten. Sie hat bereits eine Kehlkopfoperation hinter sich.

Ich erinnerte mich: Anna hatte einmal geschrieben oder erzählt, daß die Arbeit, die sie in den vergangenen Jahrzehnten hatte verrichten müssen, nicht schwer gewesen sei. Jetzt begann ich an der Wahrheit dieser Aussage zu zweifeln. Denn auf dem Gang zum Friedhof hatte sie auf die Kolchose hinübergezeigt und erzählt, daß sie dort viele Jahre ganz allein für die Fütterung der dreihundert Kühe zuständig gewesen sei. Wer jemals in einem Kuhstall gearbeitet hat, weiß, was für eine körperlich schwere Arbeit es ist, die Krippen mit Heu oder Grünfutter zu füllen. Und in der Gebläse-Anlage wird Anna auch nicht nur Schaltknöpfe zu bedienen gehabt haben.

Sie kam auf der Dorfstraße nur langsam voran. Sie schwitzte und keuchte. Ich hakte sie unter und stützte sie, so gut ich konnte. Wir wateten durch Staub.

Marika – so wurde Tochter Maria gerufen – erwartete uns schon ungeduldig. Sie kam uns sogar ein paar hundert Meter entgegen. Von beiden Straßenseiten schallten Grüße herüber und wurden freundlich erwidert.

Marika ist nicht arm. Sie arbeitet auf einer Bank in Drogobyč und besitzt nicht nur ein Haus, das sich sehen lassen kann, sondern auch ein Telefon, und ihr Sohn Roman ein Motorrad. Statussymbole. Kuh, Schwein, Hühner? Selbstverständlich. Bis in die Weideflächen hinein zieht sich ihr Gemüsegarten mit den Bohnenstangen, die – zumindest in dieser Gegend der Ukraine – zum Bild jedes Gemüsegartens gehören.

Nach einer Besichtigung des Anwesens, auf der ich vor allem den schönen Blick hinüber zum Kirchhügel genoß, mußte ich feierlich in der guten Stube Platz nehmen, unter dem geschmückten Foto des vor einem knappen Jahr verstorbenen Familienvaters, Annas Schwiegersohn. Der Tisch war festlich gedeckt. Es wurde eng um ihn.

Es gab eine warme Kartoffelmahlzeit mit allerlei kleinen Fleischgerichten neben einer Fülle kalter Salate. Dazu das obligatorische Gläschen Schnaps, das immer wieder aufgefüllt wurde, wie sehr man sich auch wehrte. Und immer wieder wurde auf Frieden und Freundschaft angestoßen.

Von dem Foto an der Wand lächelte der tote Hausherr milde auf uns zehn Esser herab. Wieder war das Baby Maritschka der Mittelpunkt, mit Rüschchenhäubchen fein herausgeputzt. Windeln trug es nicht. Näßte es seine weiße Strampelhose ein, wurde es umgezogen. Zwischendurch lief Igor der Jüngere mal schnell heim (drei Kilometer hin, drei wieder zurück), denn wenn die Kuh von der Weide kam, mußte ihr die Stalltür geöffnet werden.

Nun wurde es auch Zeit für uns, heimzukehren. Die Sonne ließ nur noch den Kirchturm auf dem

Igor und Anna

Hügel schimmern. Anna wollte nicht zu Fuß gehen, Roman sollte sie auf dem Motorrad heimfahren. Alle schauten erwartungsvoll zu, als sie hinter Roman auf das Motorrad stieg. Sie tat das sehr forsch und erntete Applaus. Ein Heiterkeitsausbruch der versammelten Familie begleitete sie, als sie davonbrauste, lachend an ihren Enkel geklammert. Das war sie wieder, »unsere« Anna!

Wir wanderten los. Marika begleitete uns. Igor der Jüngere trug Maritschka auf den Schultern. Als Roman auf seinem Motorrad zurückkehrte, verabschiedete sich seine Mutter mit Küssen und Umarmungen von mir, stieg auf den Rücksitz und fuhr winkend mit ihrem Sohn heim.

So um zehn Uhr kamen wir bei Anna an. Sie saß vor dem Haus und erwartete uns. Es war eine laue, helle Sommernacht. Swetlana zog sich schnell um, denn sie mußte noch die Kuh melken. Danach schlüpfte sie wieder in das feine Kleid, denn ein Nachbar war gestorben, und sie wollte mit Michail kondolieren gehen.

Ich setzte mich noch eine Weile zu Anna. Sie war traurig, daß mein Besuch nur so kurz war, und bat mich, alle meine Geschwister zu bitten, doch im nächsten Sommer zu kommen. Alle, aber ganz besonders Volker. Sie schien immer wieder zu vergessen, daß er kein kleiner Junge mehr war, obwohl ich ihr Fotos mitgebracht hatte, auf denen er als nicht mehr junger Mann zu sehen war.

Das Dorf war still geworden. Auch in den Ställen rührte sich nichts mehr. Nur ein paar Grillen zirpten noch. Anna erzählte. Ich hörte zu. Ich erfuhr von einer Szene während Annas Aufenthalt in Deutschland, von der ich bisher auch nichts gewußt hatte:

Als sie damals, im Frühsommer 1941, auf dem Lichtenauer Bahnhof angekommen waren, die beiden Annas, waren sie von unserer Mutter die knappen zwei Kilometer auf der Landstraße bis zur Rosinkawiese geführt worden. Mutter hatte den Kinderwagen mit Volker bei sich gehabt. Der war damals etwa acht Monate alt gewesen. »Unsere« Anna – Anna Baisa wird währenddessen in Tränen geschwommen sein – bat Mutter, den Wagen schieben zu dürfen. Das wurde ihr erlaubt.

Das hatte mir damals auch Mutter erzählt. Nicht aber das: Anna hatte sich unterwegs in einer spontanen Aufwallung von Zärtlichkeit neben den Wagen gekauert und Volker abgeküßt.

Da sei unsere Mutter eingeschritten, so erzählte mir Anna, und habe ihr verboten, das Kind zu küssen. Das habe ihr, Anna, sehr weh getan, und sie habe Angst bekommen vor dem Leben in Deutschland, das ihr bevorstand.

Als ich dann schon zu Bett gegangen war, hielten mich Grübeleien rund um diese für Anna so wichtige Begebenheit wach. Mir war klar, warum Mutter Anna verboten hatte, Volker zu küssen. Geküßt wurde bei uns nicht, auch nicht umarmt, nicht einmal zu Begrüßungen und Abschieden. Diese Abstinenz entsprach Mutters herber Art. Zärtlichkeitsdemonstrationen empfand sie als weichlich und dekadent.

Und noch etwas hatte da wohl mitgespielt: eine diffuse Angst vor Schmutz und Krankheiten und vielleicht auch einer minderen Zivilisationsstufe.

Vor deren Gefahren mußte das Kind geschützt werden. Möglicherweise hatte Mutter Annas Liebkosungen als eine Vertraulichkeit empfunden, die ihrer Meinung nach einer ukrainischen Zwangsarbeiterin nicht zukam.

Daß Anna, bei ihrer Ankunft zwischen Angst und Hoffnung hin- und hergerissen, sich durch Mutters Verbot verletzt fühlen mußte, lag auf der Hand.

Aber ich wollte auch unserer Mutter in jener Lage Ängste und Unsicherheitsempfindungen zubilligen. Sich einem so unbekannten Menschen anzunähern, der von nun an in enger Tuchfühlung mit ihrer Familie leben sollte, war auch ein Schritt ins Ungewisse.

In dieser letzten Nacht in Richtiči schlief ich nicht viel. Kaum war ich, lange nach Mitternacht, endlich doch in einen unruhigen Schlaf abgedriftet, weckten mich heftige Bauchschmerzen. Mir war übel, Brechreiz plagte mich. Mehrmals mußte ich hinaus in die Mondnacht, hinüber zum Plumpsklo. Und immer durch Annas Zimmer. Einmal fragte sie mich leise, was denn los sei. Ich sagte es ihr:

»Bauch tut weh.« Das verstand sie. Es gelang mir nur mit Mühe, sie davon abzuhalten, aufzustehen.

Durchfall. Hatte ich mir den Magen verdorben? Hatte er gestreikt, weil er das viele und vor allem so fette Essen nicht vertrug? Oder war's ein Darmgrippe-Virus, der mich ausgerechnet in der Ukraine erwischt hatte? Jedenfalls konnte ich zum Frühstück nichts essen. Aber Anna ließ es sich nicht nehmen, mir einen Magentee zu kochen, der mich – vielleicht – vor noch unangenehmeren Begleiterscheinungen meines Zustands bewahrt hat.

Heimfahrt

Der Moskvitsch kam pünktlich um halb acht. Diesmal fuhr nicht der ältere, sondern der jüngere Igor mit nach Stryj. Er war mit seinen fünfzehn Jahren noch nie in dieser Stadt gewesen. Auch Anna ließ es sich nicht nehmen, mich wieder bis auf den Bahnhof zu geleiten.

Michail, Swetlana, Hala verabschiedeten sich, wünschten gute Fahrt und beschworen mich, bald wiederzukommen.

Diesmal setzte ich durch, daß Anna auf dem Beifahrersitz Platz nahm. Ihr wurde, wie ich ja schon erfahren hatte, beim Autofahren leicht übel. Daß auch ich mich elend fühlte, versuchte ich, so gut es ging, zu überspielen. Während der Fahrt nach Stryj war mir so schlecht, daß ich nur ein paar Störche auf einer nassen Wiese wahrnahm, mehr nicht.

Als ich schon im Zug war und mich aus dem Fenster lehnte, nahm ich Anna noch einmal ganz klar in mein Bewußtsein auf: ihr rundes, faltiges Gesicht voller Tränen.

Ich werde sie wohl nie wiedersehen.

Obwohl die Rückreise, was die Kilometerzahl betrifft, sogar kürzer war als die Hinreise, sollte sie sich als überaus umständlich und mühsam erweisen. Von Stryj über L'vov – Przemysl – Krakau – Wrozlav – Leipzig nach Fulda: fünfmal umsteigen. Und tagsüber sengende Hitze.

Mein Gepäck war noch dazu schwerer als auf der Hinreise. Anna hatte mich mit einem Proviantberg ausgestattet, der gereicht hätte, um eine mehrköpfige Familie für zwei Tage zu sättigen. Nur mit Mühe wuchtete ich meine Taschen in die Waggons und wieder aus ihnen heraus.

Aber noch saß ich im Zug Stryj–L'vov. Ich hatte ein Abteil für mich allein und sah durch das Fenster, wie sich dort, wo ich hergekommen war, die Karpaten im Sonnenglast auflösten. Die Landschaft wurde immer flacher, verwandelte sich in eine Ebene.

Der Zug ratterte. Die Gleise schienen in verschiedener Höhe zu liegen. Ich wurde hochgeworfen und, seitlich geneigt, hin- und hergeschüttelt. Zur Toilette im Nachbarwaggon zu gelangen wurde zum Abenteuer. Plötzlich stand eine Ein- und Aussteigetür mitten auf der Fahrt weit auf! Niemanden störte es. Und auf der Toilette kam mir die Schüssel entgegen, sank mit mir ab, schaukelte bedrohlich, hob mich empor.

Und mir war so übel.

Alle die vielen Eindrücke der beiden letzten Tage warteten noch darauf, verarbeitet zu werden. Aber ich konnte meine Gedanken nicht ordnen. Immer wieder kämpfte ich mit einem Brechreiz.

Endlich hielt der Zug. Ich war in L'vov, das einmal Lemberg gewesen war. Hier mußte ich das erste Mal umsteigen. Durch einen ehemals noblen Bahnhof hastete ich hin und her, um herauszubekommen, wo mein Anschlußzug nach Przemysl zu finden war. Ein freundlicher Beamter half mir. Hier in L'vov lernte ich, wie man sich fühlt, wenn man auf einem Bahnhof so gut wie nichts lesen kann!

Eine halbe Stunde nach meiner Ankunft saß ich wieder in einem Zug. Der sollte mich nach Przemysl bringen. In zwei Stunden würde ich die Ukraine verlassen haben.

Der Waggon war gerammelt voll, ich wußte nicht, wo ich mein Gepäck unterbringen sollte. Denn fast alle Mitpassagiere hatten große Taschen und Koffer bei sich, ohne daß sie aber den Eindruck machten, eine weite Reise anzutreten. Allmählich begriff ich, daß sie in Polen Waren verkaufen wollten und sich davon guten Gewinn versprachen.

Ich mußte an den Polenmarkt in Berlin denken, 1990 im Winter. Da waren es die Polen gewesen, die Warenberge verkauften, um deutsche Mark mit heimnehmen zu können. Hier waren es die polnischen Zloty, die lockten. Denn sie sind immer noch stabiler als die einheimische Währung, die »Koupons«.

Ich erlebte alles nur wie durch einen Nebel, so

übel war mir. Wie gern hätte ich eine halbe Stunde geschlafen, aber der Sitz war hart, ich wurde durchgerüttelt, und andauernd drängte sich jemand durch den engen Gang und stieß mich, die ich auf einem Notsitz hockte, ungewollt an.

Außerdem mußte jetzt eine Zollerklärung ausgefüllt werden. Sie war auf kyrillisch geschrieben. Ich verstand nichts. Zum Glück saß in meinem Abteil eine deutschsprechende Frau, eine Professorin für Deutsch an der Universität in Lemberg. Sie half mir gern. Ich schenkte ihr dafür einen Teil meines Proviants.

Zollkontrolle. Alles Gepäck wurde unter die Lupe genommen, nur meines nicht. Ich war offensichtlich – trotz aller Tarnung – deutlich als ausländische Touristin erkennbar. Die Zollbeamten behandelten die ukrainischen Passagiere, wie uns schien, ziemlich von oben herab. Sie ließen sogar alle Reisenden aufstehen und klappten die Sitzflächen der Bänke hoch. Wahrscheinlich hatten sie gute Gründe dafür.

Jetzt hieß es, die Uhr wieder um eine Stunde zurückzustellen.

Wir fuhren in die Stadt Przemysl ein. Was sich durch das Zugfenster erspähen ließ, gab mir Auftrieb. Hier konnte ich die Schrift wieder lesen. Das bedeutete schon eine halbe Heimkehr. Und dieses Land Polen, das bisher für uns ein Image von Ärmlichkeit besessen hatte, machte auf mich plötzlich einen geradezu »westlichen« Eindruck! Asphaltierte Wege und Landstraßen, ein gepflegter Bahnhof, Reklame, wohin man auch schaute, Schaufenster an Schaufenster – und insgesamt ein buntes Bild städtischen Lebens.

Kaum hielt der Zug, geschah etwas, was ich mir nicht erklären konnte: Nur mir allein wurde erlaubt, den Waggon zu verlassen. Erst als ich mich auf einem anderen Bahnsteig befand und von dort zu dem Zug hinüberschaute, mit dem ich gekommen war, durften die ukrainischen Passagiere aussteigen. Sie wurden an Tischen vorbeigeschleust, wo sie ihr Gepäck kontrollieren lassen mußten.

An der frischen Luft ging es mir etwas besser. Aber Appetit hatte sich noch nicht wieder eingestellt. Und ich war todmüde.

Der Zug nach Krakau war um einiges bequemer als der von L'vov nach Przemysl. Mein Verdauungsapparat hatte sich beruhigt, ich versank in Erinnerungen: Annas Haus im Grünen, die vier Generationen unter einem Dach, der verunkrautete Gemüsegarten, die vielen Haustiere, die Selbstversorgerei, die engen Bezüge zu den anderen Dorfbewohnern – so lebte man in meiner Jugend auch in den deutschen Dörfern. Eine Symbiose von Mensch, Tier und Natur. War mein Besuch bei Anna eine Reise in die »gute alte Zeit« gewesen? In eine Idylle?

Natürlich hatte er Nostalgisches angerührt. Aber auch in Richtiči hatte die moderne Technik schon Einzug gehalten: Befand sich nicht in Halas Zimmer ein großer Fernseher? Und wie stand es um mich? Hatte ich nicht nach zwei Tagen schon genug gehabt von diesem einfachen Leben, hatte ich mich nicht nach Dusche und staubfreien Wegen gesehnt?

Nein, wir wollen den Staub – und den entsprechenden Schlamm in der Regenzeit – außerhalb unserer Urlaubstage nicht mehr haben. Wir wollen mit sauberen Sohlen heimkehren. Und wir wollen auf glatten Straßen fahren können, wollen eine versiegelte Erde. Erst kommen unsere Ansprüche, dann erst die der Natur. Wir leben gegen sie, während Anna und ihre Leute noch in und mit ihr leben.

Meine Gedanken wanderten zurück nach Richtiči. Ich konnte mich nicht erinnern, dort Mülltonnen gesehen zu haben. Möglicherweise gibt es dort ja noch Alteisensammler, denn auf Annas kleinem Hofplatz hatte in einer Ecke ein Haufen verrosteter Alteisenteile gelegen. Aber wo landen die Plastiktüten, die auch dort schon Selbstverständlichkeit sind? Wohin wird der Fernseher entsorgt, wenn er nicht mehr reparierbar ist? Was geschieht mit dem Altöl aus den Wagen, was geschieht mit den ausgeschiedenen Wagen selbst?

Die Müllberge werden auch dort zunehmen, das FCKW wird auch von der Ukraine aus an der Zerstörung der Ozonschicht mitbeteiligt sein.

Ich schaute aus dem Zugfenster. Flache, nur ab und zu leicht gewellte Landschaften, in der Nachmittagssonne schimmernd, zogen vorüber. Über ein Feld tuckerte ein Traktor. Anheimelnde Dörfer tauchten auf, verschwanden wieder, Häusergruppen in Obstgärten, auch hier so vieles noch leicht nostalgisch. Aber auf fast allen Dächern blitzten Fernsehantennen. Auch hier war man also nicht mehr von gestern.

Krakau. Ich hatte eineinhalb Stunden Aufenthalt.

Ich wußte: Wer nach Krakau kommt, muß sich unbedingt die Tuchhallen ansehen. Ein Muß! Aber ich war noch ziemlich angeschlagen, noch längst nicht wieder auf dem Damm. Außerdem trieben mich noch die unverdauten Richtici-Eindrücke um. Nicht schon wieder neue Eindrücke, wo ich doch die alten noch längst nicht bewältigt hatte!

Ich fand einen Schalter für Gepäckaufbewahrung, wo man Englisch verstand. Nur ein paar Schritte vom Bahnhof entfernt – ich wollte mich nach der stundenlangen Sitzerei nur etwas bewegen – geriet ich in eine heiter-beschwingte Fußgänger-Atmosphäre, in der eine etwa fünfzehnjährige Straßengeigerin die Melodie des Forellenquintetts fiedelte. Während ich ihr zuhörte, fiel mir ein, daß nicht weit von hier Auschwitz lag.

Zurück auf dem Bahnhof, spürte ich zum ersten Mal seit der vergangenen Nacht wieder Appetit und genehmigte mir eine Banane.

Auf der Fahrt nach Wrozlav/Breslau neigte sich die Sonne dem Horizont zu. Eigentlich hatte ich schon ab Krakau mit einem Schlafwagenabteil gerechnet, aber dort hatte ich erfahren, daß mir diese Bequemlichkeit erst ab Wrozlav zur Verfügung stehen werde.

Meine Gedanken kehrten wieder nach Richtiči zurück, drehten sich um Anna. Ich fragte mich, ob sie imstande war, sich in andere Menschen hineinzuversetzen. Zum Beispiel in ihren Bruder. Offenbar nicht. Und damals bei uns? Vor fünfzig Jahren hatte sie diese Kunst wohl noch beherrscht. Seitdem schien das Leben ihre Gefühle ziemlich verhärtet zu haben. Vielleicht vermochte sie sich nur noch in die Menschen hineinzudenken, die sie liebte?

Lieben konnte sie noch. Zum Beispiel ihre Urenkelin Maritschka. Jedesmal, wenn sie sie angesehen hatte, waren ihre Züge weich geworden.

Ich dachte daran, daß Anna mir einmal geschrieben hatte, ihre ganze Familie kenne uns durch ihre Erzählungen. Mich streifte ein Gedanke, der mich den Atem anhalten ließ: Wie, wenn die Zeit auf der Rosinkawiese, in Deutschland,

Anna und Maritschka

eine Art Höhepunkt in ihrem Leben gewesen war? Sah sie etwa in diesem Zwangsaufenthalt, der in die schönsten Jahre ihrer Jugend fiel, einen Erlebnis- und Erfahrungsschatz, der ihr in den Augen der sie umgebenden Gesellschaft einen besonderen Wert verlieh?

Sei dem, wie es sei – an der deutschen Schuld an dem Unrecht, das ihr angetan worden war, änderte sich damit gar nichts.

Hauptbahnhof Wrozlav, kurz vor Mitternacht. Hier mußte ich wieder einmal umsteigen. Auf dem gegenüberliegenden Bahnsteig fuhr der Zug aus

Warschau ein, in dem für mich ein Bett bis nach Leipzig reserviert war.

Hauptbahnhof Breslau. Hier stand ich einmal als neunjähriges Kind, im Dezember 1937, kurz nach der Ankunft aus der Tschechoslowakei, von wo wir hatten flüchten müssen, weil sich mein Vater zu intensiv für das Deutschtum in Böhmen eingesetzt hatte. Ich hatte damals noch nicht viel von dem begriffen, was sich politisch in Mitteleuropa anbahnte. Ich wußte nur dies: Hier in Schlesien, in Deutschland, war der »deutsche Gruß« nicht verboten. Hier durfte jeder, so laut er wollte, »Heil Hitler!« rufen.

Das tat ich ausgiebig, hier auf dem Bahnhof – so, daß sich alle nach mir umdrehten. Ich erinnere mich an ein unbeschreibliches Lustgefühl der Freiheit.

Was für ein immenser Irrtum. Was für eine verhängnisvolle Verkennung des Begriffs »Freiheit«! Aber wie hätte ich als neunjähriges Kind die damals herrschenden politischen Verhältnisse durchschauen können, wenn die meisten Erwachsenen sie nicht einmal durchschauten?

Ich fiel erschöpft auf das Bett und schlief bis kurz vor Leipzig. Früh um halb sieben mußte ich noch einmal umsteigen – dann saß ich im »letzten« Zug, der mich bis nach Fulda bringen würde. Von dort waren es nur noch 21 Kilometer bis daheim.

Am Sonntag war ich losgefahren, mitten hinein ins Ungewisse. Jetzt am Donnerstag, dem 27. Juli, kehrte ich heim, um einiges klüger.

Wahrscheinlich noch immer um eine Spur zu bleich, stieg ich in Fulda aus, fuhr mit dem Bus heim und hatte noch vor der Lektüre der inzwischen eingetroffenen Post das heftige Bedürfnis, zu baden.

Lange, sehr lange lag ich im Wasser – dösend, nicht denkend. Später, als ich mich schon wieder angezogen hatte und das Badewasser abgeflossen war, entdeckte ich in der Wanne einen Bodensatz: Sand aus Richtiči.

Da zog es mich zum Schreibtisch. Es gab so vieles, was ich Anna dort nicht hatte sagen können. Oder was ich vergessen hatte, ihr zu sagen. Vielleicht ging es mir auch nur darum, ihr nahe zu sein.

Ein paar Wochen später erreichte mich ihr Antwortbrief. Sie schrieb darin:

Ich konnte eine sehr lange Zeit nach der Begegnung mit Dir und von all den Eindrücken nicht zu mir finden. Es ist, als wäre ich wieder in meine Jugend zurückgekehrt. Nach meiner Heimkehr aus Deutschland hatte ich von niemandem von Euch geträumt. Aber nach Deinem Besuch habe ich schon zweimal Deine Mutter im Traum gesehen ...

Es interessiert Dich wahrscheinlich, wie ich mit dem Geld umgegangen bin, das ich von Euch geschenkt bekam. Das ukrainische Geld habe ich den Kindern gegeben. Und die Mark habe ich sehr gut versteckt und habe der Swetlana gezeigt, wo. Daß sie, wenn ich mal sterbe, Mittel hat, um mich zu begraben. Weil das Geld, das ich für die Beerdigung zurückgelegt hatte, von der Inflation gefressen wurde ...

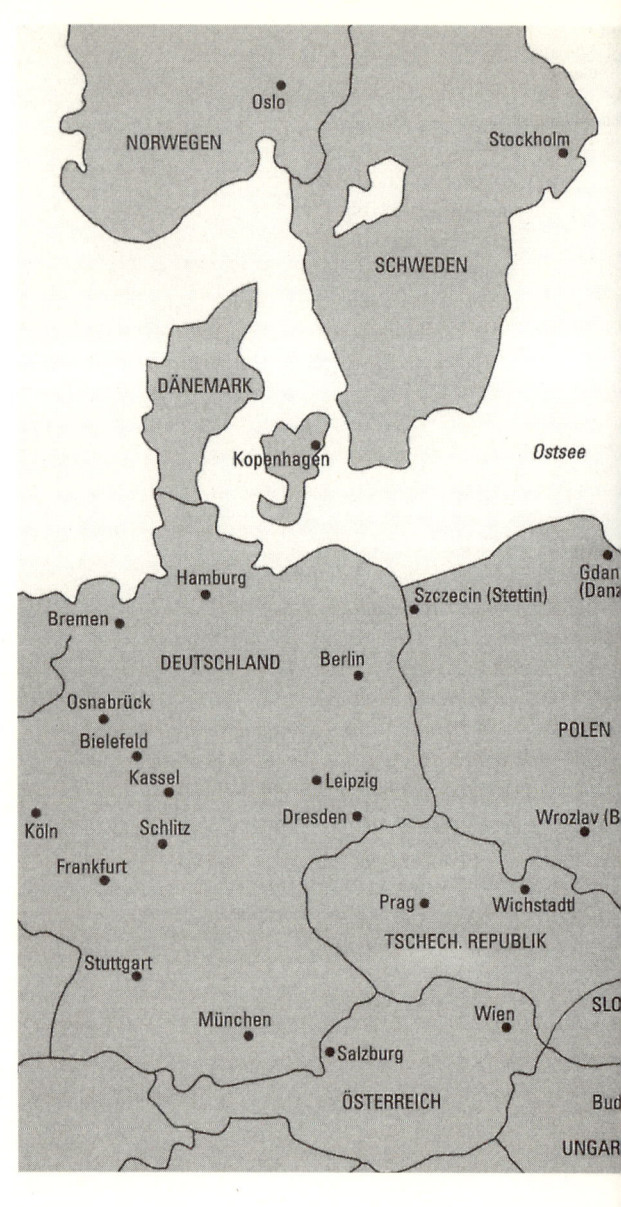

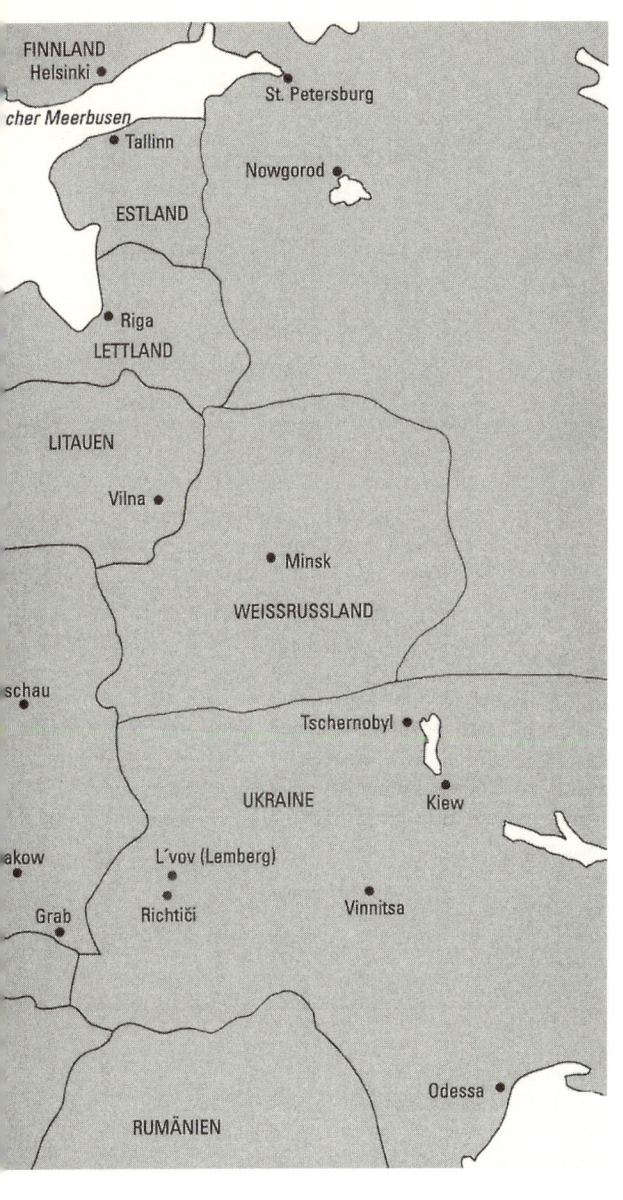

In der gleichen augenfreundlichen Schrift
bei dtv erschienen:

Anne Biegel / Heleen Swildens
Wo ist denn meine Brille?
Briefwechsel zweier Frauen über das Älterwerden
Deutsch von Hanne Schleich
dtv 25100

Anne Biegel / Heleen Swildens
Mitreden ist Gold
Anne und Heleen setzen ihren Briefwechsel
über das Älterwerden fort
Deutsch von Hanne Schleich
dtv 25107

Anne Biegel / Heleen Swildens
Lust und Plage der späten Tage
Neue Briefe der Autorinnen von
›Wo ist denn meine Brille?‹
Deutsch von Hanne Schleich
dtv 25145

»Die beiden Autorinnen wagen eine tabufreie
Bestandsaufnahme der Probleme alter Menschen.
Ein ernsthaft-heiteres Buch für Alte und Junge.«
Utz Utermann in der ›Hörzu‹

In der gleichen augenfreundlichen Schrift
bei dtv erschienen:

Lach doch wieder!
Geschichten, Anekdoten,
Gedichte und Witze

Zusammengestellt von
Helga Dick und Lutz-W. Wolff
dtv 25137

Es kann schon mal vorkommen, daß einem das Lachen vergeht. Wichtiger ist allerdings, daß es wieder zurückkommt! Lachen und Weinen gehören zusammen, und ein bißchen Galgenhumor ist allemal besser als Selbstmitleid und Verzweiflung. Geben doch, wie die hier versammelten Geschichten, Anekdoten, Gedichte und Witze beweisen, die Gründe für unser Unglücklichsein oft genug auch zur Heiterkeit Anlaß. Es geht uns besser, wenn wir zu den Dingen und zu uns selbst ein bißchen Distanz haben, das zeigen Peter Bamm, Erma Bombeck, Ilse Gräfin von Bredow, Art Buchwald, Sinasi Dikmen, Trude Egger, Lisa Fitz, Axel Hacke, Ursula Haucke, Johann Peter Hebel, Elke Heidenreich, Inge Helm, Irmgard Keun, Siegfried Lenz, Christian Morgenstern, Christine Nöstlinger, Alexander Roda Roda, Herbert Rosendorfer, Eugen Roth, Hans Scheibner, Michail Sostschenko, Phyllis Theroux, Ludwig Thoma und Kurt Tucholsky.

In der gleichen augenfreundlichen Schrift
bei dtv erschienen:

Viele schöne Tage
Ein Lesebuch
Zusammengestellt von Helga Dick
und Lutz-W. Wolff
dtv 25126

Vierzehn ungewöhnliche Erzählungen.

»Schöne Tage – man wünscht sie anderen, und man wünscht sie sich selbst. Manche schönen Tage scheinen vorprogrammiert: Hochzeiten, Jubiläen, Geburtstage und natürlich der Urlaub. Aber wer sich selbst besser kennt, weiß auch, daß es oft die unauffälligen Stunden sind, die Glück und Zufriedenheit ausmachen, die seltsame Begegnungen und Überraschungen bringen und am Ende das Leben verändern. Einige dieser Augenblicke sind hier festgehalten von Madison Smartt Bell, Heimito von Doderer, Barbara Frischmuth, Peter Härtling, Marlen Haushofer, Franz Hohler, Hanna Johansen, Marie Luise Kaschnitz, Roland Koch, Siegfried Lenz, Margriet de Moor, Isabella Nadolny, Herbert Rosendorfer und Christa Wolf.